사제수품 50주년 금경축 기념

〈대화와 회고〉

사제의 영과 힘께

지은이 안문기

교회인가 2020. 2. 3
인쇄일 1판 1쇄 2020. 3. 25
발행일 1판 1쇄 2020. 3. 30

펴낸곳 예지
펴낸이 김종욱
디자인 아녜스박
그림   안은주

등록번호 제 1-2893호 | **등록일자** 2001. 7. 23
주소   경기도 고양시 일산동구 호수로 662
전화   031-900-8061(마케팅), 8060(편집)
팩스   031-900-8062

ⓒ Ahn, Mounki 2020
Published by Wisdom Publishing, Co.
Printed in Korea.

ISBN 979-11-87895-16-9 03230

예지의 책은 오늘보다 나은 내일을 위한 선택입니다.

사제의 영과 함께

인문기 신부 지음

예 지

소통하는 사목자의 길

"믿음은 우리가 바라는 것들의 보증이며
보이지 않는 실체들의 확증입니다."

존경하는 안 신부님의 평소 지론대로 삶은 커뮤니케이션, 곧 소통입니다. 살아있다는 것은 소통하고 있다는 뜻이지요. 예수님은 하느님 아버지, 이웃, 세상과 두루 소통하는 삶을 사셨습니다.

예수님처럼 안 신부님도 소통의 달인이십니다. 보통의 사제들처럼 본당과 해외 사목의 현장에서는 물론, 전례의 진정한 의미를 신자들에게 전해 주려고 책을 쓰시고, 끊임없이 공부하여 사제들에게 새로운 분야인 신문방송학과 사회복지 분야에도 전문가가 되셨습니다.

지금은 원로사목자로서 수녀원에서 또 하나의 소통의 길을 가는 멋진 청년의 삶을 살고 계십니다. 신부님의 노력 덕분에 우리는 미사를 위한 명쾌한 해설서들과 〈대전주보〉의 창간이라는 열매도 맛볼 수 있었습니다.

이렇게 소통하는 사목자의 길을 걸어올 수 있었던 것은 "믿음은 우리가 바라는 것들의 보증이며 보이지 않는 실체들의 확증입니다."^{히브 11,1}라는 신부님의 서품성구대로, 아브라함처럼 어둠과 불안의 벽 앞에서도 하느님만을 따르는 믿음이 있었기에 가능한 일이라 생각합니다.

또한, 바오로 사도의 "이제는 내가 사는 것이 아니라 그리스도께서 내 안에 사시는 것입니다. 내가 지금 육신 안에서 사는 것은, 나를 사랑하시고 나를 위하여 당신 자신을 바치신 하느님의 아드님에 대한 믿음으로 사는 것입니다."^{갈라 2,20}라는 고백을 겸손하게 살아가시기에 가능한 일입니다.

안 신부님께서 어느덧 사제 수품 50주년을 맞으셨습니다. 구약성경에서 '50년'은 '희년'을 의미합니다. 그래서 하느님께서는 "이 50년째 해를 거룩한 해로 선언하고, 모든 사람에게 해방을 선포하라."^{레위 25,10}고 말씀하십니다. 우리 인간의 힘으로 무얼 이루려고 발버둥치기보다 지금까지 주신 것에 감사하며 하느님 중심의 본래적 삶을 회복하란 뜻입니다.

복음에서도 예수님께서 부활하신 뒤, '50'일 만에 성령을 보내 주셨습니다. 그 성령은 우리에게 자유의 큰 기쁨을 가져다 주었고, 지금도 우리 안에 활동하고 계십니다. 또한 죄로 억눌려 비뚤어진 우리에게 구원의 소식을 전하며 진정한 자유와 해방을 주십니다.

이처럼 '50'은 우리에게 하느님 중심의 기쁨과 자유를 주는 숫자입니다. 사제생활 50주년을 맞으신 안문기 프란치스코 하비에르 신부님께서도 진정한 기쁨을 누리는 자유인으로 계속 살아가시길 희망합니다.

멋진 신부님을 보내 주신 하느님, 감사합니다!

신부님, 고맙습니다! 사랑합니다!

2020년 3월

대전교구장 주교

유흥식 라자로

하느님 마음 닮은 온유한 사랑

안문기 프란치스코 하비에르 신부님께서 회고록을 내신다는 말씀을 듣고 감사의 마음으로 축하를 드리며 간단한 소회를 몇 자 올립니다.

신부님께서는 지난 5년간 예수수도회 대전 본원에 머무시면서 수녀들의 영성생활에 많은 도움을 주셨습니다. 미사성제를 비롯한 성사로, 특유의 푸근한 유머 감각으로 삶의 지혜를 나누어 주시면서 저희의 삶을 풍요롭게 해 주시고 나날이 새롭게 주님을 찬미하도록 일깨워 주셨습니다. 저희는 하느님을 오롯이 따르며 벗한 사제에게서 느낄 수 있는 삶의 진수를 신부님을 통해 배우고, 하느님 마음 닮은 신부님의 온유한 사랑을 듬뿍 받는 행운 또한 누릴 수 있었습니다.

신부님께서 당신의 경험과 추억을 나누어 주실 때마다 한국 교회에 기여하신 업적들을 대수롭지 않게 말씀하시는 모습에서 신부님의 겸손과 소탈한 심성을 읽게 됩니다. 더욱이 신부님께서는 예수수도회 창립자인 가경자 메리 워드에 대해 많은 관심을 가지고 계십니다. 메리 워드에 대한 여러 가지 서적을 읽으시던 중 콜카타의 성녀 마더 테레사가 메리 워드의 후예였음을 알게 되셨다고 하셨습니다. 메리 워드의 삶과 영성이 신부님의 영적 여정에 많은 영향을 미쳤다는 말씀을 전해 들으면서 참으로 기쁘고 감사했습니다.

사제로서 일생의 열매를 거두고 모으는 이 시기에 하느님께서 신부님께 베푸신 은총의 열매들을 미사를 통해, 배려와 사랑이 가득한 삶을 통해 저희에게 나누어 주심에 다시 한 번 깊이 감사드립니다. 예수수도회에서 신부님을 모시고 지낼 수 있도록 안배하신 하느님의 크신 사랑에 감사드리며, 나날이 새로이 찬미의 노래를 부릅니다.

하느님, 길이 영광 받으소서!

2020년 3월
예수수도회 한국관구 관구장 수녀
장영선 힐데가르드

차례

제5장
한평생을 부르심에 바쳤어라

제6장
예수수도회 창립자 메리 워드

사제직은 은총이자 임무

주님께서 여러분과 함께, 또한 사제의 영과 함께

"주님과 함께라면 안 될 일이 어디 있겠습니까? 능력을 주시는 주님께서 당신과 함께 계시기를 바랍니다." 이 말을 줄여서 미사 중에 "주님께서 여러분과 함께"라고 인사합니다. 응답은 "또한 사제의 영과 함께"이지요. 참여한 신자들도 "또한 사제에게도 주님께서 함께 하시기를 바랍니다."라는 뜻으로 인사합니다. 즉 사제와 신자 공동체는 이 집회에 주님이 함께 계심을 인사로써 서로 표시합니다.

그래서 전례가 거행될 때에는 항상 이 인사를 주고받습니다. 미사 중에도 다섯 번 이 인사를 합니다. 미사 시작, 복음, 감사송, 평화의 인사와 마지막 강복 때입니다. 이 대화는 주님과의 결합과 일치를 의미하는 것으로서, 사제는 팔을 벌리며 교우들과 이 인사를 나눕니다. 즉 이 인사와 교우들의 응답으로, 하느님 백성인 교회의 신비가 드러납니다.

또한 사제의 영과 함께 Et cum spiritu tuo

새 미사경본에서 "또한 사제와 함께"가 "또한 사제의 영과 함께"로 수정되었습니다. 경본의 라틴어 원문을 글자 그대로 번역한 것입니다. 이 영靈은 사제나 부제가 서품예식 때에 안수를 통해 받은 성령을 뜻합니다. 교회는 전통적으로 성직자들에게만 "주님께서 여러분과 함께"라는 인사의 권한을 부여했습니다.

따라서 응답도 "또한 사제의 영과 함께"입니다. 성직자만 받는 인사로써 신자들은 성품성사 때 '하느님의 영성령'을 받은 성직자들에게 문안 겸 경각심을 일깨웁니다. 사제란 주교를 포함한 신부의 공식 호칭이기 때문에 "또한 사제의 영과 함께"이고 부제들에게는 "또한 부제의 영과 함께"로 합니다.

바오로 사도는 여러 교회에 보낸 서간에서 '은총'과 '평화'가 모두 하느님 우리 아버지와 주 예수 그리스도에게서 오는 것임을 밝혀 주고 있습니다. 은총과 평화는 하느님께서 선사하시는 구원의 선물이지요. 은총은 하느님의 구원 행위 전체를 종합하여 표현하는 것이고, 평화는 구원 행위의 결과로 인간에게 허락된 행복한 상태를 말합니다. 그래서 사제는 "주님의 은총과 평화가 여러분과 함께"라고 기도합니다. 이것은 바로 미사의 지향이며 목표이기도 합니다. 이보다 더 훌륭한 축복의 인사말이 어디 있겠습니까.

"사제의 영과 함께"라고 이 책의 제목을 붙인 이유도 사제서품식 안수에서 받은 성령의 은총과 미사 때마다 모인 신자들의 "또한 사제의 영과 함께"라는 기도가 그대로 제 반평생을 지배하였기 때문입니다. 따라서 이 책을 통하여 사제를 위해 기도하고 봉사하는 형제자매님들에게 감사의 뜻을 전하고 계속 관심을 보여 주시길 청원합니다.

사제는 하느님 다음으로 위대한 존재

사제의 정체성을 새로 묵상해 보았습니다. 하느님 다음에는 사제가 가장 위대합니다.[73쪽 참조] 오직 하늘에 오르고 나서야 사제는 자신의 정체성을 온전히 깨닫게 될 것입니다. 아르스의 본당 신부 요한 마리아 비안네 성인은 사제직을 인간에게 맡겨진 깊이를 헤아릴 수 없는 위대한 은총이자 임무라고 말했습니다.

"사제는 얼마나 위대합니까!… 사제가 자신이 누구인지 안다면 죽고 말 것입니다.… 하느님께서 사제의 말을 따르십니다. 사제가 몇 마디 하면 그 말을 따라 주님께서 하늘에서 내려오셔서 작은 성체 안에 머무르십니다."

2009년 1월 은퇴 후 이 글을 읽었습니다. 사목 현장에서 활동할 때에는 이런 감동적인 묵상을 하지 못했습니다. 사제인 내가 이처럼 위대한 존재라고 여기지 않았습니다. 다만 선교와 성무 수행에 열성적이면 된다는 생각뿐이었습니다. 『제2차 바티칸 공의회 문헌』 중에 '사제의 생활과 교역에 관한 교령'이 있었지만 정독하지도 않았습니다.

사제가 신도들 가운데 선다는 것은 무엇을 뜻하겠습니까? 모두를 하나로 일치하도록^{로마 12,10 참조} 이끄는 일이지요. 따라서 형제적 사랑이 필수적입니다. 신자 공동체 안에서 소외되는 사람이 있으면 되겠습니까? 신앙심이 흔들리는 신자들도 찾아보고 비신자들에게도 접근해야 하지요. 또 중요한 일은 사제의 어려움을 이해하고 사랑으로 봉사하며 직책을 완수할 수 있도록 기도와 활동으로 적극 협조할 신자들의 교육과 양성입니다. ^{사제직무 교령 9 참조}

변화하는 시대의 동반자 두 분

반평생 제 앞길을 비추고 변화하는 시대의 동반자가 되어 준 두 분을 말씀드리지 않을 수 없습니다. 먼저 한 분은 김수환 추기경으로 『매스컴에서 본 33가지 김수환 추기경 모습』을 저술한 동기가 되었지요. 그리고 또 한 분은 프란치스코 교황입니다. 물론 제

2차 바티칸 공의회를 개최한 바오로 6세와 성 요한 바오로 2세, 베네딕토 16세의 가르침도 잊을 수 없습니다. 특히 프란치스코 교황은 비록 나의 은퇴 이후지만 그분을 알게 된 것은 행운이었습니다.

교황성하의 한국 방문 4박 5일은 우리 교회에 큰 은혜요 영광이었지요. 더욱이 교황은 가는 곳마다 상처 입은 사람들을 치유의 손길로 어루만져 주었습니다. 그분이 시대적 문제의 정곡을 찌르는 해결사요 탁월한 지도자임을 누구도 부인하지 못할 것입니다. 그 정신을 부분적이지만 『알기 쉽게 풀이한 새 미사해설』 책에 반영하였고 이 책에도 조금 소개했습니다.

예수수도회 미사

예수수도회 한국관구 대전본원에서 미사 주례를 담당한 지 꼭 5년이 되었습니다. 수녀님들 공동체에서 미사와 식사 때로는 특강이나 행사에 참여하면서 많이 배웠지요. 그동안 보고 들은 바를 단편적이나마 일부 소개하고자 합니다. 이 수도회 창립자이신 가경자 메리 워드의 정신을 쉽게 접근하여 깨닫도록 수녀님과 대화의 기회를 가졌습니다.

유흥식 주교님의 격려 말씀과 예수수도회 관구장 장영선 수녀님의 말씀에 깊이 감사드립니다. 이 책이 나올 수 있도록 처음부터 대화하고 관심과 조언을 주신 김연희 수녀님과 메리 워드의 일생에 관하여 대화에 응해 주신 장혜선 수녀님, 애정 어린 관심과 조언을 주신 수녀님들, 표지화·삽화로 장정한 조카딸 은주 그리고 출판사 사장님에게도 심심한 감사를 드립니다.

2020년 3월

안문기 프란치스코 하비에르 신부

"청하여라, 찾아라, 문을 두드려라." 마태 7,7-11

제1장

대화로 풀어본 미사 때의
「사제의 영과 함께」

"또한 사제의 영과 함께"

김 기자 : 신부님, 금경축 축하드립니다.

안 신부 : 감사합니다. 김 기자님도 건강하시지요? 참 세월이
빠르군요. 서로 알게 된 지도 벌써 30년이 지났네요.

김 기자 : 책을 한 권 내시는군요. 그런데 왜『사제의 영과 함께』
라고 하셨어요?

안 신부 : 우선, 관심을 보여 주시니 고맙습니다. 미사 중에 "또
한 사제의 영과 함께"라고 하면서 이상하다거나 거부
감 같은 생각이 들지 않았어요?

김 기자 : 처음엔 이상했습니다. 영이 무엇인지, 왜 "영"을 더 붙
이는지 몰랐는데 미사해설 책을 보니까 이해가 돼요.

안 신부 : "Et cum spiritu tuo"라는 라틴어 응답을 글자 그대로
번역하면 "또한 너의 영과 함께"인데 감히 사제에게
"너"라고 하면 되겠습니까? 그래서 "또한 사제의 영과
함께"로 한 것이지요. 이미 3세기의 「사도전승」^{4장. 25장}

에 나와 있습니다.

김 기자 : 우리말에는 2인칭 대명사가 존칭이 아니라서 대신 직함을 사용했다는 말씀이군요. 그런데 spiritus에 대한 번역은 어떻게 됩니까?

안 신부 : 사제서품식 참석해 보셨지요? 새 사제들에게 주교와 선배 사제들이 줄지어 나와서 새 사제 머리에 손을 얹고 안수하는 모습 말이에요. 초세기 교회부터 교부들은 'spiritus'가 사제의 영혼이 아니라 그가 서품식 때 받은 성령과 그 성령께서 주시는 직무 수행의 은사를 가리키는 것이라고 말합니다. 따라서 이 인사는 사제가 서품식 때 받은 성령의 은사로써 주님의 뜻에 따라 특별하고 초월적인 방식으로 자신의 직무를 수행함을 가리킨다고 해석합니다.

김 기자 : 서품식 때 받은 성령의 은사라면 미사 때만이 아니고 사제로서 사목직을 수행할 때마다 주어지는 성령의 은사가 아닐까요?

안 신부 : 그렇습니다. 사제직은 그만큼 중요합니다. 제가 사목자로서 잘한 일이 있다면 그것은 곧 성령의 은혜였습니다. 그래서 사제 생활 50년을 되돌아보면서 어떻게 "사제의 영과 함께" 사목적인 삶을 살아왔는지 일부나마 살펴보고자 하는 것입니다.

2017년 대림 1주부터 새 미사경본우리 말 번역에서 "또한 사제와 함께"가 "또한 사제의 영과 함께"로 수정되었다. 이 "영"은 교부들의 해석에 의하면, "은총"gratia이나 "은사"charisma 또는 "선물"donum이라고 한다. 주님의 뜻에 따라 즉, 은총으로 받은 영을 통해 특별하고 초월적인 방식으로 사제는 자신의 직무를 수행한다는 뜻이다. 사제란 주교나 신부의 공식 호칭이므로 "또한 사제의 영과 함께"이고 부제들에겐 "또한 부제의 영과 함께"로 한다. – 변경 근거: 경신성사성 공문 No.467

「미사 통상문」 중의 "또한 사제의 영과 함께"

다섯 번의 대화

김 기자 : 사목생활에 관한 말씀을 하시기 전에 우리 신자들을
　　　　　위해서 미사 중의 응답으로 "또한 사제의 영과 함께"를
　　　　　좀 더 자세하고 쉽게 설명해 주시면 좋겠습니다.

안 신부 : 김 기자님은 미사 중에 몇 번 "또한 사제의 영과 함께"
　　　　　라고 응답하셨는지 기억나십니까?

김 기자 : 세 번? 네 번 아닙니까?

안 신부 : 다섯 번입니다. 사제가 평화의 인사를 나누기 직전에
　　　　　는 "주님께서 여러분과 함께" 대신에 "주님의 평화가
　　　　　항상 여러분과 함께"라고 인사를 나눴습니다.

김 기자 : 그래서 헷갈렸군요. 그럼 첫 번째 인사는 미사 시작 때
　　　　　가 아닐까요?

안 신부 : 그렇습니다. 미사 전례를 크게 두 부분으로 나누면 어떻
　　　　　게 되지요?

김 기자 : 말씀 전례와 성찬 전례 아닙니까?

안 신부 : 그러면 말씀 전례 앞에 무슨 예식이 있지요?

김 기자 : 시작 예식입니다. 미사는 시작 예식, 말씀 전례, 성찬 전례, 마지막으로 마침 예식이 있지요.

안 신부 : 잘 아시네요.

"주님께서 여러분과 함께", "또한 사제의 영과 함께"라고 말하며 주례 사제와 교우들 사이에서 이루어지는 대화는 사제와 백성의 대화이며, 주님의 현존과 교회의 신비를 담고 있다. 이 대화는 미사를 구성하는 네 부분의 중요한 순간에 자리하고 있으면서 그 믿음을 재확인한다. 곧 시작 예식의 첫인사에서, 말씀 전례의 복음 봉독 전에, 성찬 전례의 감사 기도를 여는 감사송에서, 그리고 마침 예식의 강복 전에 나타난다. 『로마 미사경본 총지침』은 이 대화의 의미를 다음과 같이 밝힌다. "사제는 인사를 하며, 모인 공동체에 주님의 현존을 알린다. 이 인사와 교우들의 응답으로, 함께 모인 교회의 신비가 드러난다."[50항]

시작 예식의 첫인사

김 기자 : 첫인사 말은 모인 신자 전체에 처음 하는 인사이니 중요하지 않을까요?

안 신부 : 김 기자님, 인사말 중에 가장 아름다운 축복의 말이 무엇인지 생각해 보았습니까?

김 기자 : 글쎄요. 행복하세요. 건강하세요. 부자 되세요. 뭐 그런

인사 아닐까요?

안 신부 : 행복, 건강, 부富를 다 주실 수 있는 분이 누구입니까?

김 기자 : 그야 하느님 아닙니까?

안 신부 : 그래서 "주님께서 여러분과 함께"라고 인사합니다. 주님이 함께 계셔야 진정한 안녕과 평화와 축복이 오겠지요?

김 기자 : 당연한 말씀입니다.

안 신부 : 당연히 응답도 그렇게 나와야 하지 않겠습니까?

김 기자 : 아 그래서 "또한 사제의 영과 함께"라고 응답하며 서품식 때 받은 성령의 은사와 주님의 뜻에 따라 특별한 방식으로 자신의 직무를 수행하시도록 일깨운다고 할 수도 있겠습니다.

안 신부 : "주님께서 여러분과 함께"라고 인사말을 하면서 팔을 어떻게 하지요?

김 기자 : 교우들을 향하여 팔을 벌리지요.

안 신부 : 무슨 뜻입니까? 그게.

김 기자 : 가까이 오라. 주님이 계신 곳에?

안 신부 : 이 인사는 주님과의 결합과 일치를 뜻합니다. 제대에 먼저 인사한 사제는 손을 뻗쳐 신자들에게 인사를 전하고자 합니다. 신자의 사명과 임무에 충실하도록 격려하면서 손을 잡고 몸을 맞대어 포옹하자는 적극적인

인사입니다.

김 기자 : 함께 손잡고 주님께 나아가자는 뜻이겠군요.

안 신부 : 그래요. 벌린 손의 의미는 두 가지입니다. 곧 초대와 포옹의 표시지요.

시작 예식은 말씀 전례에 앞서 거행하며 입당에서부터 본기도에 이르는 예식을 포함한다. 곧 입당송·인사·참회·대영광송·본기도이다. 이 부분은 미사를 시작하고 이끌고 준비하는 특성을 지닌다. 이 예식의 목적은 함께 모인 교우들이 하나의 공동체를 이루고, 믿음으로 하느님 말씀을 듣고 합당하게 성찬 전례를 거행할 준비를 하게 하는 것이다.

복음 봉독 전 "또한 사제의 영과 함께"

김 기자 : 복음 봉독 전 '알렐루야'를 왜 성대하게 노래하지요?

안 신부 : 말씀 전례의 핵심이요 절정은 어느 부분입니까?

김 기자 : 복음과 강론이겠지요?

안 신부 : 복음은 예수님 자신이지요. 예수님의 말씀 · 수난 · 십자가 · 죽음 · 부활 · 재림이 담겨 있는 거룩한 책입니다. 복음 말씀 안에 예수께서 현존하십니다. 그러므로 앉아서 듣던 신자들이 다가오는 복음, 곧 예수님을 맞으려고 일어섭니다.

김 기자 : 주님 앞에 흠숭의 표시로 환호하는군요.

안 신부 : 알렐루야는 주 하느님을 찬양하라는 뜻이며 기쁨에 넘쳐 외치는 환호입니다.

김 기자 : 아, 그래서 "주님께서 여러분과 함께", "또한 사제의 영과 함께"라고 노래로 하는 것이지요?

안 신부 : 장엄하게 복음을 선포할 때에는 선포하는 복음 전체를 노래로 할 수도 있지만, 적어도 복음 전 인사말과 선포의 말, 끝맺는 말과 회중의 환호를 노래로 하여 하느님 말씀의 고귀함과 품위를 강조합니다.

김 기자 : 한 마디로 최대의 경의를 표하는 모습이군요.

안 신부 : 그렇습니다. 호화로운 복음집을 부제나 사제가 축복을 받은 후 높이 받들고 불을 켠 초와 향로를 든 복사들을 앞세우며 독서대로 가서 복음을 선포합니다. 봉독 전 시작 표시로 복음서에 작은 십자성호를 긋고, 끝나면 입맞춤^{우리나라는 얕은 절}을 합니다.

김 기자 : 말씀 전례가 이전보다 장엄하고 중요하게 표현되는 것 같습니다.

안 신부 : 사실상 그래요. 제2차 바티칸 공의회 이후 과거에 소홀하던 말씀의 식탁을 풍부하게 채웠습니다.^{전례헌장 51항} 초대교회 성서학자인 오리게네스는 "하느님 말씀의 살을 먹는 신자들은 날마다 어린양의 살을 먹는다."고 했습니다. 그래서 교회는 주일마다 아니 날마다 성당에서

식탁을 차려놓고 말씀을 전하며 가르칩니다. 말씀의
빵을 받을 때에 '말씀의 영성체'를 행한 것이 됩니다.

미사의 중심인 감사기도 직전에 지녀야 할 몸과 마음의 자세

김 기자 : 세 번째 응답 인사는 감사송 직전이 되겠지요?

안 신부 : 예, "주님께서 여러분과 함께"라는 인사말에 이어 두
번 더 대화하지요?

김 기자 : 아, 그래서 삼중 대화라고 하던가요?

안 신부 : 미사의 중심이요 절정에 와 있기 때문에 정신을 집중
해야지요. 그래서 거듭 강조하면서 희생제사에 참여하
도록 대화식 기도를 바칩니다.

김 기자 : 미사 중에 주님을 뵙고 만나는 예절이라 할 수 있지요?

안 신부 : 미사는 깊은 만남입니다. 기도와 축복, 사랑과 희생의
만남입니다. 미사 중의 만남이기에 전례 인사, 성경 말
씀, 하느님의 축복을 서로 나눕니다. 즉, 삼중의 대화를
나누고 감사 기도를 바칩니다.

김 기자 : 노래로 바치면 훨씬 더 감동을 주던데요.

안 신부 : 맞습니다. "마음을 드높이", "주님께 올립니다." 이 노
래를 부를 때 그리스도와 함께 부활한 이들의 모습이
떠오릅니다.

김 기자 : 성경 말씀이 생각납니다. "여러분은 그리스도와 함께 다

시 살아났으니, 저 위에 있는 것을 추구하십시오."콜로 3,1

안 신부 : 그래서 원래 미사의 명칭을 '감사 행위' 또는 '감사제'라
고 하였고, 따라서 감사드림은 마땅하고 옳은 일이며
구원을 줍니다.

> "이제 미사 거행 전체의 중심이며 정점인 감사기도가 시작된다. 이 기도
> 는 감사와 축성의 기도다. 사제는 교우들에게 기도와 감사로 주님께 마
> 음을 들어 올리도록 초대하고, 자신의 기도에 교우들을 참여시켜 공동체
> 전체의 이름으로 예수 그리스도를 통하여 성령 안에서 하느님 아버지께
> 기도를 바친다. 이 기도의 뜻은 신자 회중이 모두 그리스도와 일치하여
> 하느님의 위대하신 업적을 찬양하며 희생 제사를 봉헌하는 데에 있다.
> 감사기도는 모두 공경하는 마음으로 침묵 가운데 귀담아들어야 한다."
>
> 「로마 미사경본 총지침」 78항

평화의 예식과 인사

김 기자 : 평화의 인사를 나눌 때가 참 좋아요. 서먹서먹한 형제
자매에게 손잡고 인사할 기회가 되어 기다려지거든요.

안 신부 : 평화의 참뜻을 알고 전달하며 인사 나누어야지요.

김 기자 : 예수님의 평화라야 완전한 평화가 되겠지요?

안 신부 : 평화예식의 첫 부분이 사제의 기도입니다. 이 기도에
서 사제는 두 가지를 강조합니다. 즉 예수님께서 피 흘

려 이룩한 평화와 교회의 믿음입니다.

김 기자 : 예수님께서 인간의 죄를 보속하기 위하여 십자가를 지
셨고 그 위에서 피를 흘리셨다는 말씀이지요?

안 신부 : 예, 이사야의 말씀대로 "그가 찔린 것은 우리의 악행 때
문이고…, 우리의 평화를 위하여 그가 징벌을 받았고 그
의 상처로 우리는 나았다."^{이사 53,5} 그러니 "저희 죄를 헤
아리지 마시고 교회의 믿음을 보시어"라고 합니다.

김 기자 : 이 평화가 진정 주님 자신이고 인간에게 준 가장 고귀
한 선물 같습니다.

안 신부 : 그렇습니다. 선물을 준비한 후 둘째 부분에서 사제는
"주님의 평화가 항상 여러분과 함께"라고 인사말을 하
면서 팔을 벌립니다. 그것은 기도의 모습이 아니라 모
든 신자를 한꺼번에 포옹하려는 사랑과 일치와 평화의
자세입니다.

김 기자 : 이런 뜻을 깨달았으면 큰 소리로 응답해야겠어요. "또한
사제의 영과 함께" 그러고 나서 옆 사람과 평화의 인사
를 나누면 주님의 평화가 서로에게 전해지게 되겠어요.

안 신부 : 그렇습니다. 그렇다고 여기저기 다 다니면 안 되고, 교
회의 지침에 따라 신자들 간의 위화감이나 불편함이
없도록 해야 합니다. 바로 옆 몇 사람과만 조용히 인사
나누도록 합니다.

> 평화의 예식은 세 부분으로 나뉜다. 첫째는 평화를 위한 사제의 기도, 둘째는 사제와 신자들의 인사 교환과 응답, 셋째는 모인 신자들 간의 상호 인사와 사랑의 표시다.

마침 예식 전 "또한 사제의 영과 함께"

김 기자 : 마지막 마침 예식에서 "또한 사제의 영과 함께"는 마침과 파견의 뜻이 들어있겠지요?

안 신부 : 미사의 시작 부분을 시작 예식이라 하고 끝 부분을 마침 예식이라 합니다. 마침 예식은 다시 두 부분으로 나눌 수 있습 니다. 첫째는 인사와 강복이고 그 다음은 파견이지요. 미사를 마치고 마무리하기 때문에 익숙하게 쓰이는 '마침'이란 표현을 사용하였습니다.

김 기자 : 우선 미사를 마치면서 강복의 말씀을 하시지요?

안 신부 : 축복과 강복을 구분하여 사용합니다.「천주교 용어집 개정판」참조 축복은 "하느님께 복을 비는 것"이고 강복은 "하느님께서 내려 주시는 복"을 말합니다. 그러니까 마침 예식의 강복은 그리스도를 대신하여 사제가 신자들과 인사를 나눈 후에 전해 줍니다.

김 기자 : 축복과 강복을 다 받았으니 세상 복음화를 위한 사명감을 가지고 나아가야겠어요.

안 신부 : 그렇습니다. "주님께서 여러분과 함께"는 이미 설명했
듯이 주님과의 결합과 일치를 뜻하는 인사입니다. 미사
를 통해 당신은 강복받았고 주님과 함께 살아갑니다. 그
러니 미사의 은총이 생활 속에서도 지속되어야 하지 않
겠습니까? 이보다 더 복된 인사가 어디 또 있겠어요. 이
제 힘차고 감격스럽게 응답해야지요. "또한 사제께서도
주님의 영과 함께 계시기를 빕니다." 이 뜻은 미사 후의
사제직무 수행을 잘 하라는 기도가 됩니다.

김 기자 : 이제 주님과 함께 가서 복음을 전파해야 하겠지요?

안 신부 : 예, "미사가 끝났으니 가서 복음을 전합시다." 하는 라
틴말 미사에서는 단 하나의 파견 형식 "Ite missa est"만
있으며, 동방 전례서에는 루카복음 7장 50절의 표현인
"평안히 가거라."와 연관된 평화의 나눔을 강조합니다.
우리 미사의 파견 양식은 네 가지인데 『로마 미사경본
총지침』의 설명을 종합하여 셋으로 요약할 수 있습니
다. 곧 주님을 찬미하고, 평화와 선행에 힘쓰며, 복음을
실천하고 전파하는 것입니다. 「로마 미사경본 총지침」 90항

파견은 사명입니다. 사제와 마찬가지로 신자의 기본 사
명 세 가지는 믿음을 축하하고 믿음을 살며 믿음을 증
거하는 것입니다. 사명을 받은 신자는 크게 응답하며
사제를 돕고 행동으로 옮겨야 합니다. 사제는 이런 성

령의 은사에 힘입어 전례와 성사를 거행함으로써 거룩한 봉사 직무를 수행하게 됩니다.

미사는 '모임의 해산'을 뜻하는 명사였다. 어원적으로 파견[missio]에서 파생된 단어가 아니었다. 이 말은 3세기부터 신자들 모임에서도 사용되었고 의미가 확대되어 4세기에는 해산의 뜻뿐 아니라 모임 자체를 의미하게 되었다. 그 후 예비 신자를 위한 말씀 전례와 신자들의 성찬식을 미사라 하였고, 기도·가르침·성찬례·영성체까지 통틀어 미사라 부르게 되었다.

"너는 멜키체덱과 같이 영원한 사제다." 히브 5,6

제2장

사제를 위한 기도

김 기자와의 대화

김 기자 : 제가 직장에 다닐 때 우연히 금요일에 성당에 갔더니
　　　　　마침 "사제 성화의 날"이었어요.

안 신부 : 그래서 사제를 위해 기도하셨습니까? 그날의 명칭은
　　　　　'지극히 거룩하신 예수 성심 대축일'입니다.

김 기자 : 6월이 예수 성심 성월인 것은 알고 있었는데 예수 성심
　　　　　축일은 일정한 날짜가 아니더군요.

안 신부 : 그렇습니다. 주님 부활 대축일이 이동축일이기 때문에
　　　　　그 뒤에 따라오는 축일들, 즉 주님승천, 성령강림, 삼위
　　　　　일체, 성체 성혈, 예수 성심 대축일의 날짜가 매년 달라
　　　　　집니다.

김 기자 : 그래서 직장인들은 참여하기 어렵고 따라서 그 축일들
　　　　　도 좀 낯선 감이 듭니다만, 그 미사 중에 또는 전후에
　　　　　사제를 위하여 기도했습니다.

안 신부 : 지극히 거룩하신 예수 성심 대축일은 예수님의 거룩
　　　　　한 마음을 공경하며 그 마음을 본받고자 하는 날이지
　　　　　요. 이 대축일은 지극히 거룩하신 그리스도의 성체 성
　　　　　혈 대축일 다음 금요일에 지내는데, 예수 성심이 성체
　　　　　성사와 아주 밀접하게 관련되기 때문입니다.

김 기자 : 사제 성화의 날로 정해진 것도 아주 오래되진 않았지요?

안 신부 : 그렇지요. 한국 천주교회는 성 요한 바오로 2세 교황의
권고에 따라, 1995년부터 해마다 지극히 거룩하신 예수
성심 대축일에 '사제 성화의 날'을 지내고 있어요. 이날
은 사제들이 그리스도를 본받아 복음 선포의 직무를
더욱 훌륭히 수행하는 가운데 완전한 성덕으로 나아가
고자 다짐하는 날입니다. 또한 신자들 모두 사제직의
존귀함을 깨닫고 사제들의 성화를 위하여 기도와 희생
을 바치는 날이기도 하지요.

김 기자 : 『가톨릭 기도서』에 보면 사제를 위한 기도가 두 가지
있더군요.

안 신부 : 자주 기도하시지요? 휴대폰으로 찾아도 금방 나옵니다.

김 기자 : 습관이 안 되어 자주 못 하고 가끔 합니다만, 여러 교황
님들이 다양한 기도문을 주신 걸로 아는데요.

안 신부 : 교황님들은 세상의 변화와 여러 상황에서 사제를 위해
기도하라고 권고하셨습니다. 프란치스코 교황님은 교
황 선출 1주년을 맞아 자신의 트위터에 "나를 위해 기
도해 달라."는 짧은 트윗을 올렸는데 기억나시지요? 교
황님은 행사마다 이 같은 요청으로 마무리하면서 자신
을 위한 기도를 계속 호소해 오셨습니다.

김 기자 : 최근[2019.1.20]에는 '교황과 함께하는 기도 앱'을 소개하면
서 전 세계 가톨릭 신자들에게 교황의 기도에 동참해

줄 것을 호소하며 새로운 디지털 플랫폼을 선보이셨습니다. "제 기도에 동참해 주세요."라는 뜻으로 '클릭 투 프레이'Click to Pray라는 이름의 앱입니다.

안 신부 : 사목현장에서 일하다 보면 사제는 여러 가지 문제와 어려움에 부닥치게 됩니다. 혼자의 힘으로는 부족하니까 신자들이 함께 협조하고 기도하면 사실상 공동체의 위력을 발휘하게 됩니다.

김 기자 : 기도를 통해 문제 해결을 많이 하셨습니까?

안 신부 : 많은 경험을 했습니다. 본당을 분리하거나 필요한 토지를 매입해야 하는데 50여 명의 신자들이 이자 없이 현금 대여를 해 주니 금방 해결되더군요. 또 인간의 힘으로 치유가 어려운 질병이나 집안 사정에 관해서는 축복 기도서를 들고 다니면서 기도했지요. 가정방문과 구역 반모임에 꼭 참여하여 기도했습니다. 암 환자가 치유되었다거나 결혼 후 5년, 7년, 10년 된 자매님들이 아기가 없었는데 자녀를 두게 되었다고 해요. 기쁜 소식은 교우들이 먼저 알려 줍니다.

김 기자 : 사목 직무를 수행하며 신자들의 희로애락에 동고동락하시는 모습을 보니 구역 반장뿐만 아니라 신자들이 적극적으로 협조하고 함께 기도해야겠어요.

안 신부 : 주님과의 친교와 동료 사제들과의 우정 어린 도움도

필요하지만 신자들의 기도 동참이 도움 중에 가장 큰 도움이지요. 사제를 위해 기도하고 돕는다는 것은 반 사제가 된다는 뜻이라고 확신합니다.

사제를 위한 기도

아래의 기도는 교황 바오로 6세께서 1970년 5월 17일 당신의 사 제수품 50주년을 기념하여 278명에게 성품성사를 집전하시고 강 론하시면서 바치신 기도입니다.

새로운 마음

오소서 성령님, 하느님의 신비를 관리하는 사제들에게 새로운 마음을 주소서. 그들이 받은 교육과 소양을 새롭게 하시어, 그들 이 받은 성품성사가 과연 놀라운 계시였음을 깨닫고 오늘도 내 일도, 늘 새로운 열정으로, 주님의 성체와 신비체에 대한 그들의 직무를 충실히 수행하도록, 언제나 다시 젊어지고 기뻐하는 새 로운 마음을 주소서.

순결한 마음

오소서 성령님, 그리스도의 제자요, 사도인 사제들에게 순결한 마음을 주소서. 또한 그들로 하여금 성부와 성령과 함께 한 하느님이신 그리스도만을 사랑하게 하소서. 성령의 은총으로 살아가며 일편단심 그리스도만을 최고의 대상으로 사랑하는 사람이라야 그 사랑의 풍요한 환희와 깊이를 맛들이리다. 악이라고 규정하면 쳐부수고 피할 줄 밖에 모르는 순결한 마음을 주소서. 감수성이 풍부하면서도 겁도 낼 줄 아는 어린이의 마음 같은 순결한 마음을 주소서.

넓은 마음

오소서 성령님, 하느님의 백성을 돌보는 사제들에게 넓은 마음을 주소서. 침묵 가운데 힘차게 타이르시는 주님의 말씀을 귀담아 들으며, 온갖 불미한 야심과 덧없는 인간 경쟁을 전혀 모르는 마음, 거룩한 교회만을 걱정하며, 주 그리스도의 모습을 닮아 보려는 넓은 마음을 주소서.

온 교회와 전 세계를 포용하며 모든 사람을 사랑하고 모든 사람에게 봉사하고 모든 사람을 위하여 희생할 줄 아는 넓고 강한 마음을 주소서. 온갖 유혹과 시련, 온갖 싫증과 피로, 온갖 환멸과 모욕을 견디어 내는 넓고 강한 마음을 주소서. 어떠한 희생이 요구되더라도 끝까지 항구하며, 그리스도의 심장과 고동을 같이하고, 겸손과 충실과 용기로 하느님의 뜻을 실천하며, 거기서 유일한 행복을 찾는 넓고 강한 마음을 주소서.

오늘의 교회를 위한 기도

교황 성 요한 바오로 2세께서 1986년 1월 6일 바티칸에서 하신 기도문입니다.

오! 예수님 우리들의 착한 목자이시여, 당신이 사랑하고 구원하고자 하신 이 세상의 요청에 따르고 있는 저희의 모든 본당들, 수많은 사제들과 부제들, 남녀 수도자들과 봉헌된 평신도들 그리고 선교사들을 축복하소서.

특별히 저희 공동체를 당신께 맡겨 드리오니, 저희에게 초대교회의 정신을 부어 주시어 성령과 그 선물을 사랑으로 받아들인 기도의 다락방이 되게 하소서. 저희들의 목자들과 봉헌된 삶을 사는 모든 이들을 도와주소서.

당신의 부르심에 기꺼이 응답해 온 사람들과 성직을 받아들일 준비를 하거나 수도생활을 서약하고자 하는 이들의 발걸음을 인도하소서. 좋은 의향을 가진 많은 젊은이들을 사랑으로 돌아보시고, 당신을 따르도록 그들을 불러주소서.

당신 안에서만 그들 스스로가 완성에 도달할 수 있음을 깨닫도록 도와주소서. 모든 성소의 모범이시며 어머니이신 마리아의 힘 있는 전구를 청하나이다. 당신께 청하오니, 저희의 믿음을 받쳐 주시어, 저희로 하여금 당신이 청하라고 하신 바를 아버지께서 베

풀어 주시리라 굳게 믿게 하소서. 아멘.

본인은 이러한 소원을 안고 여러분에게 기꺼이 본인의 사도적 축복을 드리는 바입니다.

사제와 사목 직무를 위한 기도

프란치스코 교황이 2018년 7월 3일 화요일 "사제와 그들의 사목 직무를 위한 기도" 지향을 담은 영상 메시지를 발표했는데요. 교황은 다음과 같이 초대했습니다. "사목 직무를 수행하며 피로와 외로움을 겪고 있는 사제들이 주님과의 친교와 형제·동료 사제들과의 우정에서 도움과 위로를 받을 수 있도록 우리 모두 함께 기도합시다." 매달 새로운 기도 지향을 담은 교황의 영상 메시지 발표는 관행이 됐지요. 다음은 교황의 메시지 전문입니다.

사제들의 피로 …, 제가 그것을 얼마나 자주 생각하는지 아십니까? 미덕과 결점을 동시에 갖고 있는 사제들은 수많은 다양한 현장에서 사목 직무를 수행합니다. 사제들은 수많은 활동의 전방에서 일하면서, 실망을 하더라도 거기에 머물러 있을 수만은 없습니다. 오히려 이러한 실망의 순간들은 사람들이 사제를 사랑하고, 사제를 필요로 하며, 사제를 신뢰한다는 사실을 기억하기에 좋은 기회입니다. 사목 직무를 수행하며 피로와 외로움을 겪고 있는 사제들이 주님과의 친교와 형제·동료 사제들과의 우정에서 도움과 위로를 받을 수 있도록 우리 모두 함께 기도합시다.

"제 기도에 동참해 주세요" 교황과 함께하는 기도 앱

2019년 1월 20일 교황청이 전 세계 가톨릭 신자들에게 교황의 기도에 동참해 줄 것을 호소하며 새로운 디지털 플랫폼을 선보였는데요. 프란치스코 교황은 바티칸 성 베드로 광장에서 열린 일요 주일 삼종기도에서 '기도로의 클릭'이라는 새로운 앱과 인터넷 사이트www.clicktopray.org를 태블릿을 동원해 신자들에게 직접 소개했습니다.

교황과 함께하는 '전 세계 기도 네트워크' 구성을 목표로 만들어진 이 새로운 수단을 이용해 신자들은 교황의 월간 기도 지향 등을 파악하고, 교황과 함께 세계 평화 등을 위해 기도할 수 있지요. 또한, 자신의 기도를 타인과 나눌 수도 있다고 합니다.

"나는 세상의 빛이다.
나를 따르는 이는 어둠 속을 걷지 않고
생명의 빛을 얻을 것이다." 요한 8,12

제3장

영적 지도자 김수환 추기경과
한국을 방문한 두 교황

1. 김수환 추기경은 영적 인도자요 동반자

한국 최초의 추기경 탄생

"교황 바오로 6세는 서울대교구장 김수환스테파노 47세 대주교를 추기경으로 임명하였다."1969. 3. 28 이 한 줄의 뉴스 기사가 전해지자 한국 천주교회는 온통 축제 분위기에 휩싸였지요. 필자가 사제 품 받기 일 년 전 일이었습니다. 이로써 한국 천주교회는 한국 교회 사상 한국인 최초의 추기경을 맞이하게 되었는데요.

그분은 선각자이시며, 선도자요, 영적 인도자였습니다. 그러니까 저는 사제생활 40년 동안 김 추기경 영향 속에서 살았습니다. 김 추기경의 임명은 한국 교회뿐만 아니라 한국 사회 전체의 경사이기도 하였지요. 따라서 전국을 환호의 물결로 일렁이게 했습니다. 환영대회, 기자회견과 파티 등이 연일 계속 이어졌지요.

한국에 추기경 임명이 10년 늦어졌다면 천주교의 홍보와 발전, 1970년대 김 추기경의 역동적 활동은 물거품이 되었을 것이라고 봅니다. 추기경 임명 소식을 들었을 때에 김수환 추기경은 자서전에서 이렇게 기술하였지요. "신부의 길을 걸으면서도 '도망갈 방법은 없을까'라는 궁리를 떨치지 못했던 내가 '도망갈 길이 정말 막혔구나!' 하는 생각이 떠나질 않았습니다. 교구장에 임명된 다음 해에 한국인 최초로 추기경에 임명된 것이지요. 옛 은사의 전화를 받는 순간 내 첫 말은 "임파서블! impossible"이었습니다. 한 번도 상상해 본 적이 없는 일이 일어난 겁니다. 그것도 최연소 추기경이라니…." 「매스컴에서 본 33가지 김수환 추기경 모습」 17-21쪽 참조

정의와 평화의 소리

1971년 주님성탄 대축일은 제가 사제품1970. 10. 2을 받은 지 만 1년이 지난 두 번째 맞는 축일인 동시에 「대전주보」를 창간한 역사적인 날입니다. 당시 교구장 고 황민성 주교는 '대전주보의 창간'을 축하하면서 "이 주보에 희망과 기대를 거는 바이니 앞으로 발전해서 명실공히 대전교구 천주교회의 기둥이 되고 빛이 되어 줄 것을 빌어마지 않습니다."라고 언급하셨지요. 그 때의 시대 상황은 5·16 군사혁명1961으로 박정희 독재정권이 굳혀지는 암흑시대를 연상할 수 있습니다. 교회 출판물이나 미사강론도 검열 대상이라 사복형사나 정보부원들이 교회 안에 드나들고 있었지요.

전국의 많은 천주교와 개신교 신자들이 모두 이날 밤, 미사 또는 예배에 참여했습니다. 매년 성탄 자정 미사가 자정 시간에 맞추어 라디오와 텔레비전으로 생중계 되었지요. 바로 명동성당에서 미사주례를 하던 고 김수환 추기경의 강론 중에 놀라운 성탄메시지가 나왔습니다. 한국 교회 역사상 가장 우렁찬 메시지라고 자부하고 싶습니다. 그것은 바로 광야가 아닌 서울의 중심인 명동성당에서 외치는 '정의와 평화의 소리' 였지요. 그야말로 경천동지驚天動地할 교회의 과제를 공식적으로 선포한 것입니다.

언론 탄압과 비상 대권 비판

미사 시작 때의 엄숙한 분위기는 강론이 시작된 후 돌변했지요. 갑자기 KBS 방송국 전체가 들썩이기 시작했어요. 당시는 유신체제로 진입하진 않았어도, 군사정권 아래 언론에 대한 경계와 탄압이 공공연하던 때였습니다.

"우리는 누구나 우리의 고질적 부패와 사회 불안의 근원이 현재의 부조리한 권력과 금력의 정치 체제에 있다는 것을 알고 있습니다. 여기에 진실로 과감한 혁신이 없으면 부정부패 일소는 도저히 기대할 수 없습니다 …." 김 추기경이 주머니에서 종이를 꺼내 들고 강론을 이어가자 방송 관계자들은 일제히 당황하기 시작했습니다.

"정부나 교회나 사회 지도층은 국민의 소리를 들을 줄 알아야 합니다. 그들의 양심의 외침을 질식시켜서는 안 됩니다. 만일 현재의 사회 부조리를 극복하지 못하면 우리나라는 독재 아니면 폭력 혁명이란 양자택일의 기막힌 운명에 직면할지도 모릅니다…."

생방송 중계팀을 향해 방송국 각 부서 책임자들의 전화에 이어 문공부에서 전화가 빗발쳤답니다. "비상 대권을 대통령에게 주는 것이 나라를 위해 유익한 일입니까? 오히려 국민과의 일치를 깨고, 국가 안보에 위협을 주고, 평화에 해를 줄 것입니다."

미사의 전국 생중계는 기어코 도중에 중단되고 말았지요. 강론 내용과 아무 관계가 없었던 PD와 아나운서, 방송 관계자들도 줄줄이 조사를 받고 고초를 치러야 했답니다. 이후 성탄 밤미사 중계는 고 오기선 신부가 모아들인 기부금을 통해 민간방송인 TBC에서 이어갔다고 합니다.

착한 목자의 전형

복음 성경은 목자를 그리스도의 전형으로 제시합니다. 그리스도

는 잃은 양을 찾아 나서는 목자^{루카 15,4-7 참조}로 비유하지요. 예수님
스스로도 "나는 착한 목자다."라고 하며, "착한 목자는 양들을 위
하여 자기 목숨을 내놓는다."^{요한 10,11-16 참조}고 자신을 소개하셨습니
다. 예수님을 '착한 목자'라고 하는 것은 양들에 대한 그분의 헌
신적 사랑을 함축하고 있지요. 요즘 말로 표현하면, 목자는 목숨
을 걸고 피보호자를 돌보아야 예수님을 닮은 '착한 목자'라 할 수
있습니다. 따라서 "교회는 그리스도의 몸이다."^{교리서. 805항}라고 가
르칩니다. 교회와 교회 지도자의 모습이 어떠해야 하는지는 목자
와 양떼의 관계에서 잘 알 수 있지요. 또한 지금 이 시대야말로 착
한 목자가 많이 필요하다는 것을 누구나 공감하고 있습니다.

　1970년대에 '김수환' 하면 '추기경', '추기경' 하면 '김수환' 하고
서로 따라붙는 연상 단어가 되었습니다. 한 마디로 한국에서 김
수환을 모르는 사람이 없고, 추기경을 모르는 사람이 없게 되었
다는 뜻이지요. 이보다 더 큰 교육 효과, 매스컴 효과가 없습니
다. 추기경을 통해 주교, 신부, 성직자의 의미와 본보기를 가르쳤
지요. 즉 착한 목자 상을 심어 주었습니다. 뜻보다는 마음을 심어
어떤 느낌과 감동을 주었지요. 그래서 누구나 한 마디씩 그 심정
을 드러내 놓았습니다.

복음화 운동

김 추기경은 1968년 서울대교구장에 취임하면서 "교회의 높은 담을 헐고 사회 속에 교회를 심어야 한다."는 인사말을 통해 제2차 바티칸 공의회의 정신에 따른 교회 쇄신과 현실 참여의 원칙을 밝혔습니다. 동시에 가난하면서도 봉사하는 교회, 한국 역사의 현실에 동참하는 교회상을 제시하여 교회 안팎의 젊은 지식인과 서민, 노동자들로부터 많은 지지를 얻었지요.

실제로 그는 대교구장 취임 직후부터 억압받고 가난한 민중들에 대해 깊은 관심을 표명하고, 파행적인 정치 현실과 불확실한 노동 문제 등에 관한 강경 발언을 서슴지 않음으로써 대내외적으로 인권 옹호자라는 명성을 얻게 되었지요. 그동안 서울대교구의 교세는 1968년 말에 48개 본당 14만여 명이던 것이 1997년 말에는 197개 본당 121만여 명이 되었고, 성직자수는 590명으로 증가했습니다. 「매스컴에서 본 33가지 김수환 추기경 모습」, 51쪽

소외된 이들의 벗

앞에서 언급한 대로 그는 1970년대의 유신체제 이래 정치적으로 탄압을 받던 인사들의 인권을 위해, 구국과 정의 회복을 위해,

1980년대의 민주화 운동을 위해 언제나 노력했지요. 그 결과 한국천주교회는 오랫동안 정치권력으로부터 많은 고난과 희생을 받아오기도 했지만, 대내외적으로 천주교회의 지위가 크게 격상되는 결과를 낳게 되었습니다. 가난하고 소외된 사람들 또한 언제나 김 추기경의 벗이었지요. 앞의 책, 26쪽 '가난한 이들의 벗' 참조

김 추기경의 사회 교리는 인간의 존엄성에 대한 확고한 신념을 바탕으로 합니다. 즉 그분은 따뜻한 마음을 지닌 한 인간으로서 장애인과 사형수들을 만났고, 강제 철거로 길거리에 나앉은 빈민들을 방문했으며, 농민과 노동자들의 권익을 위해 노력했고, 우리 밀 살리기 운동에도 앞장을 섰지요. 특히 가난한 이들을 위해 천주교회가 무엇을 할 것인가를 놓고 고민하다가 1987년 4월 28일에는 '도시 빈민 사목 위원회'를 교구 자문 기구로 설립했습니다.

이에 힘입어 지난 30년 동안 서울대교구의 복지 시설은 150여 개로 크게 증가했지요. 이처럼 김수환 추기경은 격동기에 처한 한국 사회 안에서 기본적인 국민의 자유와 인권 보장, 민주화에 대한 관심을 일깨우는 양심의 대변자로서 사랑과 평화를 추구했습니다. 앞의 책, 51쪽에서 옮김

어느 기자가 이런 질문을 한 적이 있습니다

"고 김수환 추기경께서 우리 교회 공동체에 남기신 중요한 뜻은 무엇이라고 보십니까?"라고요.

김 추기경의 가장 큰 업적은 성직자의 정체성과 교회의 본질을 깨닫게 한 것이라고 생각합니다. 현재의 한국가톨릭교회를 보세요. 1970년에 사제품을 받았는데 50년이 지난 지금도 교구마다 교회의 정체성을 찾아 시노드를 개최하고 해답을 찾고 있습니다.

'교회가 세상을 위해 존재하고 세상과 함께한다.'는 의미는 곧 교회가 사회정의, 인권 등을 살피는 것이지요. 소외된 사람, 가난한 이들의 눈물을 닦아 주는 겁니다. 우리 사회는 1970년대 유신체제 등 국민을 억압하는 정권을 거치면서 기본 권리를 짓밟혔습니다. 잘 알려진 대로 김 추기경은 그 중심에서 또 그 전면에서 인간 존엄성 수호를 위해 나섰습니다. 평생을 일관되게 교회의 본질 회복과 정체성을 세우기 위해 몸소 실천하셨습니다.

1960년대 초반에 열린 제2차 바티칸 공의회의 정신은 가톨릭교회가 세상과 소통하고 '시대에의 적응'을 내세워 교회의 보수적인 면을 탈피하고 교회 제도를 과감하게 개혁하며 세상의 변화를 이끌어내야 한다는 것이었지요. 당시 독일 유학 중이던 김수환 신부는 1963년 귀국, 1968년 서울대교구장에 임명되었으니

몸에 배인 그 공의회 정신을 이 땅에서 구현한 것입니다. 김 추기경은 명동성당을, 한국 교회를 한국사회의 중심에 옮겨 놓은 분입니다. 민주화와 사회정의의 상징으로 명동성당이 온 국민의 마음에 자리 잡히도록 한 것은 김 추기경의 투쟁의 결과요 역사였지요. 한마디로 김 추기경은 사제와 교회의 정체성을 보여 주었습니다.

이제 교회의 과제는 무엇입니까?

우선 김 추기경 같은 위대한 목자가 우리 앞에 본보기처럼 나타나 지도력과 사목의 정신을 일깨워 주셔서 감사의 마음을 금할수 없습니다. 이제 사랑의 소명과 실천을 전 국민적으로 승화시켜 나가야겠지요. '감사와 사랑의 마음을 전하는 운동'을 전개하면서 '국민 운동'으로 뿌리 내리기를 기대합니다.

'바보의 나눔' 운동은 한 좋은 예가 되겠지요. 또한 김 추기경이 남긴 사목적, 대사회적 업적을 교회와 일반 역사학 차원에서도 연구 작업이 이루어지길 바랍니다. 그리고 또 김 추기경을 모범으로 교회공동체가, 특히 평신도들이 각자 삶의 현장에서 신앙인의 정체성을 확립하고 복음의 봉사정신을 실천하며 증거해야 할 것입니다.

2. 한국을 방문한 두 교황
성 요한 바오로 2세와 프란치스코 교황

앞에서 필자는 사제생활 40년 동안 김 추기경의 영향 속에서 살았다고 했습니다. 그리고 또 세계적인 시각에서 교회를 바라볼 수 있도록 인도해 주신 분이 제2차 바티칸 공의회 전후부터 지금까지 영적으로 인도해 주신 교황들이었지요. 그 중 두 분을 졸저에서 옮겨 보았습니다.

1) 교황 성 요한 바오로 2세

교황 성 요한 바오로 2세의 한국 교회 사랑

처음 한국을 방문한 교황은 성 요한 바오로 2세입니다. 그것도 두 번이나 방한하였기 때문에 당시 한국인이라면 모를 사람이 없을 정도로 유명해졌지요. 교황과 더불어 한국천주교회가 국민의 관심 대상이 되었고 매스컴의 집중 조명을 받았습니다. 교황은 1984년에 방한하여 한국인 순교자 103명을 시성하는 한국 종교 역사상 최대의 경사를 만들었고, 1989년 제44차 서울 세계 성체대회에 다시 참석하여 여의도 광장에서 장엄미사를 집전하셨습니다. 이 두 차례 교황의 한국 방문을 이끌어 내고 교황의 방한일정을 함께하신 분이 김수환 추기경입니다.

김수환 추기경은 1978년 성 요한 바오로 2세의 교황 취임식에서 신임 교황에게 "이제 교황으로서 한국을 방문해 달라."고 요청했어요. 이 요청이 받아들여져 두 차례 한국 방문으로 이어진 것이지요. "교황님께서 1984년 처음 한국을 방문하셨을 때에 저에게 '교황 서임 후 나를 가장 먼저 초청해 준 사람이 바로 김 추기경 당신이야.' 하면서 저의 방문 요청을 기억하고 계셨다."고 김 추기경은 회상했습니다.^{평화신문, 제744호, 2003. 10. 19 참조}

세 가지 숨은 이야기

여러 가지 숨은 이야기들이 특집기사로 매스컴을 통하여 전달되었는데 잘 알려진 몇 가지를 찾아보았습니다. 『매스컴에서 본 33가지 김수환 추기경 모습』 44쪽에서 발췌한 내용입니다.

첫째, 교황 성 요한 바오로 2세의 방한사

교황은 1984년 5월 3일, 김포공항에 도착해 트랩에서 내리자마자 땅에 입을 맞추셨습니다.^{친구의식} 그리고는 "순교자의 땅, 순교자의 땅"을 되뇌었지요. 이어 방한사를 하셨습니다. "벗이 있어 먼 데서 찾아오니 이 또한 기쁘지 아니한가!··· 여러분의 벗으로, 평화의 사도로 여기에 왔습니다." 서툰 한국말이었지만 한국인에겐 놀라움과 감동 자체였어요. 『논어』에 나오는 '유붕자원방래불역낙호有朋自遠方來不亦樂乎' 구절까지 한국어로 인용하다니! 사람들 사이에선 "교황이 한국을 찾기 전 오랫동안 한국어를 공부했다."는 얘기도 나왔습니다.

둘째, 교황의 한국어 공부

장익 주교전 춘천교구장는 서울 혜화동 가톨릭대학 성신교정 본관에서 교황의 서거와 관련한 기자회견에 참석하였는데요. 그가 교황에게 한국어를 가르쳤던 당시의 일화를 소개했지요. 교황께서 1984년 한국 방문에 앞서 우리말을 배우시겠다고 해서 당시신부로서 로마에 유학 중 40여 차례나 한국어를 가르쳤다는 것입니다. 장 주교는 이어 "정기적인 지도는 못 해드리고 수시로 교황의 거처에 들러 한국어를 가르쳐 드렸는데, 일정이 워낙 바쁘셨는 데도 나를 5분 이상 기다리게 한 적이 없고, 놀랄 정도로 진지하게 공부에 임하셨다."며 "미사를 17차례나 올리면서 한국말을 연습하시기도 했다."고 밝혔습니다.

셋째, 최루탄 선물

교황 성 요한 바오로 2세는 1984년 5월 한국 방문시에, 젊은이들로부터 상자에 담긴 최루탄을 선물받은 것으로 뒤늦게 알려져 화제가 되었지요. 서울대교구의 고위 성직자는 평화방송 인터뷰에서 방한 당시 교황은 민주화를 갈구하던 한국의 젊은이들에게서 최루탄 상자를 선물로 받았다고 공개했지요. 당시 교황과 젊은이들의 대화는 장충체육관에서 8천여 명이 참석한 가운데 진행됐습니다.

한국 젊은이들은 교황을 통해 군사정권의 폭압성을 국제적으로 알리고자 했다는 것입니다. 교황은 이 같은 젊은이들의 뜻을 수용해 최루탄 상자를 받았고, 감정의 돌파구를 찾던 젊은이들은 이에 크게 감동받았던 것 같다고 방송에 출연한 성직자가 밝혔습니다. 교황 성 요한 바오로 2세의 방문 이후 한국 젊은이들의 복음화율은 급성장했다고 평화방송은 전했습니다.

2) 교황 프란치스코

방한의 감격과 치유의 손길

프란치스코 교황성하의 방한에 관하여 『알기 쉽게 풀이한 새 미사 해설』 4판[17-23쪽]에서 발췌 요약했습니다. 그리고 그분의 첫 공식 문헌인 『복음의 기쁨』^{157-159항}과 강론에 대한 가르침에 따라 교황청이 사목자들을 위한 「강론 지침」을 펴냈는데요.^{경신성사성, 2015. 2. 10} 그 요점 해설을 『복음의 기쁨』에 따른 '강론^{112-115쪽 참조}' 준비에서 옮겼습니다.

"프란치스코 교황성하의 한국 방문 4박 5일은 우리 교회에 큰 은혜요 영광이었습니다. 더욱이 교황은 가는 곳마다 상처 입은 사람들을 치유의 손길로 어루만져 주셨는데요. 교황의 세월호 참사 유가족에 대한 위로는 방한 일정 내내 이어졌습니다. 소형 자동차를 이용하고 호텔 대신 대사관 숙소에 머물며, 목에 철제 십자가를 걸고 교황이 신는 빨간 구두 대신 검정 구두를 신고, 손에는 낡은 가방을 든 소박한 모습 그 자체로도 우리 국민에게 큰 감동을 건네주었습니다. 말 한 마디 행동 하나하나가 모두 가난의 구체적 실천을 보여 주는 것이었지요. 한반도의 대한민국을 향해서는 화해의 자세를 염원하고, 가난한 사람을 위해서는 실질적인 정책을 강조하며, 세월호 참사를 계기로 생명존중 사상을 일깨우는 메시지로 한국 사회에 경종을 울렸습니다."

교황 집전 미사

2014년 8월 14일부터 18일까지 교황성하 방한의 공식적인 행사명은 '제6회 아시아 청년대회 참석을 위한 한국 사목방문'이었는데요. 교황님은 '윤지충 바오로와 동료 순교자 123위 시복미사'도 언급하면서 이 두 행사는 서로 보완해 준다고 했습니다.

이 책의 관심사는 미사입니다. 교황님은 한국에서 4번의 미사와 강론, 8번의 설교를 했습니다. 강론과 연설 또는 설교의 차이는 무엇인지도 알아야 합니다. 교황이 집전하는 미사를 '교황 미사' 또는 '교황 집전 미사'라 하고, 주교가 집전하면 '주교 집전 미사'라고 하지요. 그러나 모든 "미사는 하나이며 같은 제사입니다."「로마 미사경본 총지침」 2항 다만 주례자 주교나 사제가 누구와 함께하느냐에 따라 형태가 달라집니다.위의 책 21-22쪽.

본당 미사

교황 미사를 지켜본 신자들은 오랜만에 성경을 통하여 '풍요로운 주님의 말씀'을 듣고 '마음이 타오르는' 체험루카 24,32을 했는데, 마치 한국 현대교회에 초대교회의 공동체 생활사도 2,42-47; 4,32-37이 재현된 듯했습니다.

물론 교황 미사와 본당 미사는 크나큰 차이를 드러냅니다. 외적인 규모와 장엄성은 물론 성가, 독서, 봉헌 등 신자들의 정성 어린 준비가 달라 보이지요. 그러나 하나이며 같은 제사인 본당 미사도 준비에 따라 교황 미사나 주교 미사에서처럼 감동과 은총을 받아 누릴 수 있습니다.

본당 사제의 관심

"칭찬은 고래도 춤추게 한다."는 말처럼 관심이 필요합니다. 본당 사제가 전례 담당자들을 칭찬하고 현장 지도까지 한다면 모든 전례가 활기차고 영성이 살아날 것입니다. 그래야 성당을 찾은 신자들의 삶에 지친 마음이 밝고 희망차게 변화하지요. 그러나 사제가 무관심하면 전례 행위가 무질서하고 산만해지게 마련입니다. 그러므로 "신자들이 믿음과 희망과 사랑에 불타올라 몸과 마음으로 의식적이고 능동적으로 완전하게 참여할 수 있도록 해야 한다."「로마 미사경본 총지침」, 18항 고 권고합니다.

교황 미사에서 보았듯이 사제는 믿음의 백성이 하나 되게 하고, 그들의 기도를 주도하며, 그들에게 구원의 소식을 선포하는 것입니다. 그는 형제자매들에게 생명의 빵을 나누어 주며, 자신도 같은 빵을 나누어 받지요. 그러므로 사제는 하느님과 백성에게 정중하고 겸손하게 봉사해야 하는데, 한마디로 그리스도의 현존이 생생하게 스며들도록 해야 합니다. 위의 책 93항

참여자들의 필요, 준비상태, 그들의 특성에 잘 맞는 성가, 독서, 기도, 권고, 이끄는 말, 동작의 선택은 주례 사제에게 맡겨져 있습니다. 위의 책 24항 참조 또한 매월, 적어도 전례시기가 바뀔 때마다 전례위원과 봉사자들 모임을 갖고 필요한 교육을 실시해야 합니다.

적극적인 신자들 모습

2014년 8월 15일 대전 월드컵경기장의 성모승천대축일 미사, 다음 날 서울 광화문 광장의 윤지충 바오로와 동료 순교자 123위 시복미사에 앞서 프란치스코 교황이 탄 퍼레이드 차가 제단까지 들어오자 운집한 수많은 신자들^{대전 5만, 서울 100만}이 교황을 환호하는 소리로 온 광장이 뒤덮였지요. 교황은 신자들을 향해 십자성호를 긋고 축복과 인사를 나누자, 모두가 손에 교황 방문 환영 손수건을 들어 흔들었고, 감격에 겨워 목이 쉬거나 눈물범벅이 되었습니다.

인간 구원을 위한 예수님의 수난과 영광스런 부활을 기억하는 것이 미사이고요. 그리고 이 자리에 그리스도께서 오시어 현존하십니다. 만남과 친교는 이렇게 이루어집니다. 본당 미사도 규모는 작지만 똑같은 하나의 미사이지요.

『복음의 기쁨』에 따른 강론 준비

"평신도는 강론을 듣는 것이 어렵고 사목자는 강론을 하는 것이 어렵습니다."^{『복음의 기쁨』 135항} 프란치스코 교황의 이 말씀은 "신자들이 강론을 매우 중요하게 여기고 있다."는 뜻입니다. 그래서 교황 권고인 『복음의 기쁨』에서 교황은 강론이라는 주제에 상당한 부분^{145-175항}을 할애하고 깊이 숙고하고자 했습니다. 이어서 교황청 경신성사성은 「강론 지침」 *Homiletic Directory*^{2014. 6. 29}까지 발간하

게 되었고요. 이 두 권의 책에서 핵심 내용을 요약해 보았습니다. 강론을 할 때는,

- 간결하게 말하라.
- 이미지와 사례들을 활용하라.
- 일상 언어를 사용하라.[156-158항 참조]

이러한 목표에 이르기 위해 교황은 아래와 같이 다섯 단계의 과정을 권합니다.

첫째, 진리의 존중[146-148항]

둘째, 말씀을 자기 것으로 삼기[149-151항]

셋째, 영적 독서[152-153항]

넷째, 백성의 말에 귀 기울이기[154-155항]

다섯째, 강론 자료[156-159항]

"나는 길이요 진리요 생명이다.
나를 통하지 않고서는
아무도 아버지께 갈 수 없다." 요한 14,6

제4장

「새로운 출발을 위하여 문을 활짝 열고」
대전교구 시노드 최종 문헌

교회의 참 모습은 공동 합의성

대전교구장 유흥식 주교님은 솔뫼성지에서 거행된 교구 시노드 폐막미사 중 최종 문헌 「새로운 출발을 위하여 문을 활짝 열고」를 반포했습니다.[2019. 4. 27]

순교 영성 안에서 교구민이 함께 3년 5개월의 시노드 과정을 거치면서 새로운 세상 복음화를 결심한 자리였지요. 앞으로의 교구 선교 지향이나 교구 사목, 사도직 실천의 주된 방향이 이 최종문헌 안에 모두 담겼다고 봐도 될 듯합니다.

■ A4 용지 133쪽이나 되는 방대한 문헌을 여기서 자세히 소개할 필요는 없다고 봅니다. 그렇다고 이 최종문헌에 교구의 모든 현실이나 그에 대한 제안, 방향이 다 담긴 것도 아닙니다. 교구 중심으로 하느님 백성 공동체의 지속적인 변화와 쇄신, 후속 실천이 중요합니다. '끝이 아니라 시작'이고, '종착이 아니라 새로운 출발'이라는 의미에서 매우 흥미롭습니다.

■ 유 주교님께서도 1부 교구 시노드의 기본 정신에서 제2차 바티칸 공의회를 언급하면서 변화와 쇄신을 제시하였습니다. 즉 교황 권고 『복음의 기쁨』과 '순교 영성'의 의미와 결실, 성찰의 결론으로 문헌은 교구 하느님 백성 공동체에 가난한 이

들을 더욱 사랑하는 교회로서 희망의 문지기가 되기를 주문했습니다. 그러려면 전례 분위기의 쇄신, 교회 공동체의 준비, 그리스도 지체들 간의 상호 존중을 통해 '문을 활짝 열어 놓는 교회'"복음의 기쁨」 46항가 되어야 한다는 것입니다.

■ 시노드의 '공동합의성synodality'을 유흥식 주교님은 다음과 같이 설명하셨습니다. "프란치스코 교황님께서는 시노드의 삶을 사는 교회의 모습을 '공동합의성'이라고 표현하십니다. 바로 '친교의 공동체'로서의 교회상을 제시하십니다. 교황님은 성 요한 크리소스토모가 '교회와 시노드는 같은 말'이라고 한 것을 인용하시며, 하느님 백성 모두가 그리스도를 향한 '함께 걷는 여정'의 교회 안에서는, 누구도 다른 이보다 높을 수 없으며 오히려 자신을 낮추어 서로를 섬기는 것이 필요하다고 강조하십니다."2019년 성모승천대축일 메시지에서

사제와 신자의 평생 교육

'사제의 영과 함께' 50년을 살아오면서 배우고 가르치며 변화와 쇄신을 체험했지만, 아직도 성숙하지 못한 영성생활을 짚어보며 사제의 정체성을 찾아봅니다. 교구 시노드에 기초위원, 준비위

원, 대의원으로 참석했던 예수수도회 김연희 수녀님과 함께 여러 면을 살펴보고자 합니다.

안 신부 : 김연희 수녀님 안녕하세요? 재작년에 『알기 쉽게 풀이한 새 미사 해설』 책을 수정 보완해 주신 후 다시 만나게 되어 반갑습니다. 그동안 대전교구 시노드 대의원으로 최종 건의안을 확정하기까지 많은 기여를 하셨습니다.

김 수녀 : 신부님, 안녕하세요? 건강하시지요? 교구 시노드에 참여하면서 교회와 신자들 모두의 과제가 참으로 많고 크다는 것을 깨달았습니다.

안 신부 : 주교님 말씀에서 시노드의 삶을 사는 교회의 모습을 '공동합의성'이라고 표현하시면서, 바로 '친교의 공동체'로 교회상을 제시하십니다. 하느님 백성 모두가 그리스도를 향한 '함께 걷는 여정'의 교회란 사제인 제 위치에서 '주님께서 여러분과 함께' 하시고 또한 '사제의 영과 함께' 하면서 교회가 새 출발해야 한다는 의미라 하겠습니다.

김 수녀 : 교구 건의안에서도 중요하게 다룬 것이 사제의 영성생활과 정체성으로 "사제들의 영성생활을 도와줄 지속적, 체계적인 영성프로그램이 마련되어야 한다." 건의안 1

"사제의 정체성과 영성생활에 대한 전반적인 성찰과 쇄신이 이루어져야 한다."^{건의안 22}는 부분입니다.

안 신부 : 신학교에서는 그래도 영성지도가 잘 되었는데 신부가 되고 나면 세속 대학 졸업생처럼 다소 자유방임 상태라고나 할까요? 그 배경 설명에서 지적한 대로 사제들이 영성생활에 대한 중요성은 자각하고 있지만 실천이 부족하다는 점을 잘 알고 있습니다. 사제서품 이후 개인적 계발과 성장뿐만 아니라, 신자들과 더불어 적절하게 성숙하고 발전하도록 신학교 초기 양성 과정처럼 지속적이고 체계적인 양성 프로그램이 마련되어야 합니다. 세부적으로 새 사제, 보좌 신부, 본당 신부, 전문분야^{특수사목 포함}, 중견사제 연수 등 부문별로 주제와 프로그램을 목적에 맞게 다양화해야 하지요.

김 수녀 : 교구장의 최종문헌 건의안에 드러난 대로 사제와 평신도 모두의 지속적인 교육과 양성에 대한 깊은 관심이 반영되었더군요.

안 신부 : 문헌은 기존 사제 연수 내용을 재검토하고 「사제생활지침서」를 만들 것을 밝혔습니다. 시노드는 본회의 과정을 통해 사제들만으로 핵심그룹을 만들어 사제 자신의 신원과 구체적인 삶에 대해 살핀 바 있지요. 「사제생활지침서」는 사제의 영성생활, 신자들과의 관계와 여

성 신자들과의 관계, 피정, 연수, 취미생활과 휴가 등 사제들이 나눈 대화의 모든 것이 종합될 것입니다.

김 수녀 : 지침서도 중요하지만 사목 현장에서 체험하고 스스로 연구하는 자세가 바람직하지 않을까요? 이미 만들어진 문헌이나 직무 생활 지침도 있고요.

안 신부 : 착한 목자로서의 가장 큰 변화는 자기 자신부터 시작되어야 합니다. 이미 중요한 문헌은 잘 번역되어 책으로 나와 있습니다. 제2차 바티칸 공의회 문헌 4개 헌장과 사제양성에 관한 교령, 평신도 사도직에 관한 교령, 『사제의 직무와 생활지침』, 사제의 직무와 생활에 관한 교령은 정독하고 가르치고 실천해야지요.

제2차 바티칸 공의회 문헌과 사제의 직무와 생활에 관한 교령

김 수녀 : 사제서품은 학교 졸업이 아니라 새로운 시작으로 연구와 교육, 그리고 실천을 통하여 계속 '사제의 영'과 함께 가는 여정이라 생각합니다.

안 신부 : 제2차 바티칸 공의회 이전에는 세상을 원수처럼 여겼지만 이제는 세속이 복음화의 대상입니다. 「사제의 생

활과 교역^{敎役}에 관한 교령」에는 다음과 같이 설명했지

요. "사제 교역 자체가 이 세속을 본받지 말라고 특별

히 요구한다. 그러나 동시에, 이 세상에서 사람들 가운

데에서 살아가며 「사제생활교령」 1장 3, 하느님의 말씀을 가르

치고 모든 사람을 끊임없이 회개와 성덕으로 부르는

것이 사제들의 소임이다." 같은 교령 2장 4 그러므로 "교회의

머리이시며 목자들의 목자이신 주님을 본받아 성직자

들은 그들의 생활이나 성무활동이 기도 안에서 이루어

지고 유지되도록 힘써야 한다." 「전례헌장. 86항」

김 수녀 : 사제들의 영성생활과 정체성에 대한 성찰과 쇄신을 위

해 다음과 같은 세부 건의안을 제안했는데요. 사제단

합동 참회와 기도, 정기적인 피정과 영신수련 프로그

램의 강화, 복음삼덕의 실천, 권위주의 탈피 등 여섯 가

지입니다.

안 신부 : 저는 최근에 발간된 개정판 『사제의 직무와 생활지침』

2018. 12. 21에서 감동적인 글을 보았습니다.

아르스의 본당 신부 성 요한 마리아 비안네의 말씀입니다.

"사제는 얼마나 위대합니까! … 사제가 자신이 누구인지 안다

면 죽고 말 것입니다. … 하느님께서 사제의 말을 따르십니다. 사

제가 몇 마디 하면 그 말을 따라 주님께서 하늘에서 내려오셔서

작은 성체 안에 머무르십니다."

자신의 본당 신자들에게 성사의 중요성을 설명하면서 성인은 다음과 같이 말했습니다. "성품성사가 없다면 우리는 주님을 모시지 못할 것입니다. 누가 주님을 감실 안에 모십니까? 사제입니다. 여러분이 삶을 시작할 때 여러분의 영혼을 받아 준 사람이 누구입니까? 사제입니다. 여러분의 영혼에 자양분을 주고 그 여정에 힘을 실어주는 사람이 누구입니까? 사제입니다. 여러분의 영혼이 하느님 앞에 나아가도록 준비해 주고 마지막으로 예수 그리스도의 피로 씻겨 주는 사람이 누구입니까? 사제입니다. 언제나 사제입니다. 그리고 그 영혼이 죄의 결과로 죽게 될 때 그 영혼을 부활시키는 사람이 누구입니까? 그 영혼의 고요와 평화를 되찾게 해 주는 사람이 누구입니까? 또한 사제입니다. … 하느님 다음에는 사제가 모든 것입니다! … 오직 하늘에 오르고 나서야 사제는 자신의 신원을 온전히 깨닫게 될 것입니다."

김 수녀 : 아르스의 본당 신부는 매우 겸손했지만, 사제로서 자신이 신자들에게 무한한 은총이 된다는 것을 잘 알고 있었습니다. "하느님의 마음을 따르는 착한 목자는 주님께서 한 본당에 주실 수 있는 최고의 보화이며, 하느님 자비의 가장 고귀한 은총입니다." 이 성인은 사제직을 인간에게 맡겨진 깊이를 헤아릴 수 없는 위대한 은

총이자 임무라고 말했습니다.

안 신부 : 『사제의 직무와 생활지침』 26쪽에서 사제직의 성사적 뿌리를 성품성사에서 찾고 있더군요. 주교의 안수와 축성기도를 보면 '사제는 대사제이시며 착한 목자이신 그리스도와 결합된 독특한 존재론적 결속 관계'를 맺는다고 나옵니다. 따라서 사제의 정체성은 그리스도의 사제직에 참여하는 데서 비롯됩니다. 축성으로 사제는 '영적인 힘'을 선물받게 됩니다. 그래서 미사 중에 "또한 사제의 영과 함께"라고 응답하는 것입니다. 영적인 힘이란 예수 그리스도의 최고의 권위에 참여하는 것을 말합니다. 비로소 사제는 '머리이시며 목자이신 예수 그리스도를 성사적으로 재현하는 사람'이 되는 것입니다. 얼마나 영광스러운 위치입니까? 예수 그리스도께서는 바로 이 권위로써 당신의 성령을 통해 교회를 이끌어 가십니다. 실제로 저 자신도 이런 글을 읽고 묵상할 때 영적인 깨우침이 생깁니다.

김 수녀 : 신자들이 "신부님!" 하며 따르는 사제는 누구입니까? 특별한 '하느님 사명'을 부여받은 축성된 이들이 아닙니까? 사제는 성품성사를 받은 그 순간부터 복음 선포의 직무를 수행하며 하느님과 양들을 잇는 중개자가 됩니다. "사제는 하느님의 말씀을 해석하는 사람, 성실

한 백성의 스승, 믿음 안에서 교사이다."라고 하신 바오로 6세 교황의 표현도 감동을 줍니다.

공의회 이후 세계 교회의 변화

안 신부 : 제2차 바티칸 공의회 이야기가 나왔습니다만, 제가 그 현장에서 신학생 때에 이미 공부했고, 1970년 사제수품 이후 사목 현장에서 공의회 정신을 체험했습니다.

김 수녀 : 세계 교회에 미친 공의회의 가장 큰 영향은 '평신도의 교회 참여'겠지요. 그리고 전례의 변화와 쇄신도 획기적이었고요.

안 신부 : 우선 전례 개혁부터 말씀드리면 『알기 쉽게 풀이한 새 미사 해설』에서 기본 원칙을 제시했습니다. 현재 사용 중인 미사 전례서는 제2차 바티칸 공의회의 정신에 따라 제정된 것이지요. 미사를 모두 우리말로 번역하여 사용하는 허락도 바오로 6세 교황이 내린[1967. 5. 4] 것입니다. 제2차 바티칸 공의회의 폐막식[1965. 12. 8] 이후 40여 년 간 많은 변화가 있었고 앞으로도 변화는 계속될 것입니다. 과거에 사용하던 로마 미사 전례서는 근본적으로 수정되고 개혁되었지요.

김 수녀 : 『알기 쉽게 풀이한 새 미사 해설』 책의 초고를 읽으면서 옛 기도문과 비교해 보았는데요. 미사 통상문도 단순하게 만들고 빵과 포도주의 봉헌, 제병의 나눔, 영성체 양식 등을 단순화했더군요. 그러나 독서 해설, 강론, 보편지향 기도, 참회 예식 등은 좀 더 중요성을 인식하도록 했고, 특히 성경을 깊이 묵상함으로써 주님의 말씀이 강조되고, 날로 더욱 풍요롭게 말씀을 살도록 했더군요.

안 신부 : 공의회 정신에 따른 새 미사 전례의 특징을 다음과 같이 요약할 수 있습니다.

① 성경을 통한 말씀 전례를 승격

② 동·서방 전례서에 참회 예식, 보편지향 기도, 봉헌 행렬, 강론, 공동체 성가, 감사기도의 강화

③ 현대화와 토착화를 위한 부분적인 개방

④ 환경과 필요에 따라 의식의 자율화

⑤ 공동체 중심의 능동적 참여

김 수녀 : 그밖에도 성당 제단 벽면을 향해 있던 제대는 사제와 신자들 가운데로 옮겨졌고, 제단과 신자석을 가로막던 난간이 사라졌잖아요. 또한 난간에 꿇어서 혀로 받던 영성체 예식은 서서 손으로 받는 식으로 변했습니다. 과거에는 공심재를 미사 전날 밤 12시부터 지켜야 했

는데 이젠 성체를 영하기 전 한 시간으로 변경해서 영성체가 훨씬 수월해졌습니다.

안 신부 : "전례는 교회의 활동이 지향하는 정점이며, 동시에 거기에서 교회의 모든 힘이 흘러나오는 원천이다. 왜냐하면 사도직 활동의 목적이 신앙과 세례를 통하여 하느님의 자녀가 된 모든 이가 한데 모여 교회 한가운데에서 하느님을 찬미하며 희생 제사에 참여하고 주님의 만찬을 먹도록 하는 것이기 때문이다."「전례헌장」 10 교회 활동의 정점인 미사전례도 이렇게 변화가 많았습니다.

전례교육과 능동적 참여

김 수녀 : 교구 시노드 준비위원으로서 전례분과에서 의안을 작성해 나갈 때 강조되었던 것은 전례를 집전하는 사제와 참여하는 신자들이 하느님의 현존을 의식하며 더 깊은 친교와 일치를 위해 전례에 더 적극적이고 능동적인 준비와 참여가 필요하다는 것이었습니다.

신부님께서는 일찍이 모든 신자들이 제반 전례를 잘 이해하고 능동적이고 완전히 참여하도록 전례 교육을 열심히 하셨지요?

안 신부 : 그렇습니다. 제가『알기 쉽게 풀이한 새 미사 해설』을 교회잡지에 쓰기 시작한 것은 1985년 이후이고, 단행본으로 출판한 것은 1997년입니다.

　그후 프란치스코 교황의 첫 공식 문헌『복음의 기쁨』과 강론에 대한 가르침인『강론 지침』, '평화의 인사'에 대한 기본 지침,『로마 미사경본 총지침』의 최근 판 2018년도 1판 1쇄까지 참조 보완하였지요. 한 마디로 매년 눈을 똑바로 뜨고 변화과정을 지켜보아야 했습니다.

김 수녀 : 미사 전례의 중요성은 아무리 강조해도 지나치지 않습니다. 전례는 바로 살아계신 예수님의 행위이니까요. 자칫 습관적으로 임하기 쉬운 미사이기에 깨어 있는 신앙생활과 미사에 대한 능동적 참여가 이루어지기를 희망하고, 미사가 진정 감사와 기쁨의 축제가 되었으면 합니다.

안 신부 : 믿음의 축제인 미사는 교회 즉 백성의 축제이지요. 제2차 바티칸 공의회에서도 평신도가 교회의 주인이라고 한 것은 바로 이 전례행사에 참여함을 의미합니다. 참여정신은 주인이 손님을 인도하듯 긍정적, 적극적, 낙관적이어야 합니다.

　"신자들은 주일과 그 밖의 의무 축일에 미사에 참여

할 의무가 있다. 또한 하느님께 바쳐야 할 경배, 주님의 날의 고유한 기쁨 또는 마음과 몸의 합당한 휴식을 방해하는 일과 영업을 삼가야 한다." 교회법 제1247조

본당 공동체의 직무와 봉사

김 수녀 : 『로마 미사경본 총지침』에서도 미사 봉헌에서 하느님의 백성은 집전 사제를 중심으로, 한 공동체로서 주님께 감사와 찬미의 축제를 드린다고 했습니다.
　　　　"또한 신자들은 한 분이신 아버지를 하늘에 모시고 있기에 모두 형제임을 깨달아 온갖 형태의 개인주의와 분파주의를 피하여야 한다."고 95항에서 가르칩니다.

안 신부 : '적극적인 참여'란 표현은 이미 공의회 이전에도 있었지만 공의회 이후에는 '공동행위'라고 했지요. 공동체의 미사를 위해 참여한 신자 각자가 자신의 직무에 충실해야 합니다. 총지침 96항에서는 "신자들은 함께 하느님 말씀을 듣고 기도하고 노래하며, 특히 공동으로 제물을 바치고 주님의 식탁에 참여하여 한 몸을 이룬다."고 했습니다.

신자 개개인의 임무

김 수녀 : 신자는 누구나 세례와 견진성사를 통해 하느님 백성의
공동체에 소속됩니다. 신자는 교회의 한 부분이라기보
다 교회 자체라고 하지요. "전례 거행에서는 누구나, 성
직자든 신자든 각자 자기 임무를 수행하며 예식의 성
격과 전례 규범에 따라 자기에게 맡겨진 모든 부분을
또 그것만을 하여야 합니다. 또한 복사, 독서자, 해설자
와 성가대원은 진정한 전례 봉사 직무를 수행하지요.
그러므로 그들이 전례 정신을 자기 나름으로 열심히
익히고 자기 역할을 바르게 수행하도록 교육하여야 합
니다."「전례헌장」 28-29항

안 신부 : 그래서 신자들이 모두 함께 미사를 '공동 집전한다.'는
정신으로 주일과 축일에 필요한 미사 전례를 잘 준비
해야 합니다. "신자들은 미사 거행 때 특별한 봉사나
임무를 부탁받으면 거절하지 말고 언제나 하느님 백성
에게 기꺼이 봉사해야 한다."「로마 미사경본 총지침」 97항

김 수녀 : 사제 혼자 미사를 지내던 시대는 지났다고 봅니다. 신
자들이 함께 성가 합창, 성경과 축일 전례의 연구, 신심
단체 활동에 참여해야 하지요. 첫째 단계는 적극적인
참여이고, 둘째 단계는 '미사를 사는 것'인데요. 곧 미사

에서 주님의 현존을 체험하고 이웃에게 증언하는 것입니다. 마지막 단계는 '순교의 꽃'입니다. 순교자의 영성으로 순교의 꽃을 피워야지요. 그러면 교회가 꽃을 피우게 되리라 믿습니다.

안 신부 : 본당신부의 과제는 전례를 연구하고 가르치는 일입니다. 바쁘지만 미룰 수 없어요. 미사 봉사자의 임무와 자세, 신자 공동체와 개개인의 임무, 본당 전례위원회 ^{신부,} 해설자 대표, 오르간 연주자, 성가단장, 사목위원 대표, 교리교사 대표, 독서자 대표, 성체 분배자, 복사대장, 사무장 또는 성당 관리인 회합을 매월 하는 게 정상이지요. 이 전례 회합을 위한 일정한 규정이나 법칙은 없습니다. 오히려 본당 자체의 필요성에 따라 조직되는 회합입니다. 『알기 쉽게 풀이한 새 미사 해설』 200쪽 참조

하느님의 백성

김 수녀 : 앞에서 제2차 바티칸 공의회의 가장 큰 업적이 '평신도의 교회 참여'라고 했는데요. 신학자들은 교회의 본질을 '교계제도'가 아닌 친교의 공동체로 새롭게 인식하여 성직자 · 일반신도 모두 동등한 '하느님의 백성'으로 정의한 것이라고 꼽고 있습니다. 또한 신학자들은 제2

차 바티칸 공의회가 교회를 '하느님의 백성'으로 인식함으로써 교회로부터 떠나간 동방교회와 서방 개신교에 대한 '형제적 일치' 관계를 도모하는 자세를 갖추게됐다고 평가합니다. 신학자들은 또 이 새로운 교회상으로 말미암아 교회가 비그리스도교적 문화와 타 종교들 안에서도 만인의 구원을 원하시는 하느님의 은총이발견될 수 있다는 입장이 되었다는 것입니다. 이러한변화는 가톨릭교회의 '획기적인 방향 전환'을 의미하는것입니다.

안 신부 : 공의회는 평신도를 '각기 받은 은혜로 말미암아 그리스도께서 나누어 주시는 은혜의 분량대로 교회의 사명을완수하는 도구요, 증인'「교회헌장」 33항이라 했습니다. 세상의 복음화와 성화를 위한 고유한 사도직 임무를 수행할 것을 권고했는데요. 공의회의 이 가르침으로 오늘날 세계 모든 교회에서는 평신도들이 성직자들과 더불어 동반자의 입장에서 교회의 구원사업에 구체적으로참여하고 있습니다.

김 수녀 : 평신도의 신원과 사명의식의 부족에 관해 대의원들은그 주요 원인으로 성직자와 평신도의 수직적 관계에있다고 보았습니다. 성직자와 평신도가 수평적 관계를넘어 유기적인 관계가 형성되면 평신도로서의 신원의

식이 높아지고 사명을 실현할 수 있게 될 것입니다. 그러기 위하여 사제와 평신도가 서로 인격존중과 신뢰 관계를 이루도록 노력해야 한다고 봅니다.

안 신부 : 한마디로 성직자나 평신도 모두 지속적인 신앙교육이 절실하지요. 교회가 사람들의 안식처가 되도록 신앙교육, 공동체의 유대감, 끊임없는 매력을 느낄 분위기 조성을 해야겠지요.

김 수녀 : 그래서 "현대 상황 안에서 신앙을 위협받는 가운데, 신앙을 내면화하고, 공동체의 유대감을 키울 수 있도록 하는 교육, 피정, 모임, 활동 등의 프로그램을 강화해야 한다."^{건의안 26}고 했습니다. 배경을 설명하면 신앙을 위협하는 요소들로 개인주의, 물질만능주의, 생계 걱정과 노후문제, 취업 문제 등의 주변 환경들을 꼽을 수 있습니다. 종교 이외에 다른 곳에서 마음의 평화와 위로를 찾고 있거든요. 교회는 사람들에게 빛을 제시해 주어야 합니다. 교회는 '세상으로 문을 열고 나아가는 곳'이며 '야전병원'이 되기 위해서 사제 본연의 역할을 회복하고 평신도와 기꺼이 협력할 수 있는 방안을 찾기를 간절히 희망합니다.

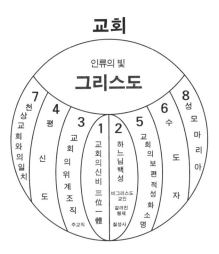

교회에 관한 교의헌장

안 신부 : 제가 1980년대 본당신부 재임 시 신자교육으로 성경과
제2차 바티칸 공의회 문헌의 전례헌장과 교회헌장 중
심으로 강좌를 했습니다. 위의 도표를 보세요. 교회헌
장 내용인데요. 일목요연하지요?

김 수녀 : 교회헌장이 8장까지 있고 번호는 1장부터 내용의 주제
를 표시하니까 전체를 쉽게 파악할 수 있겠는데요.

안 신부 : 도표에 표시되어 있듯이 제1장은 '교회의 신비'라는 제
목신비체입니다. "인류의 빛Lumen gentium"은 그리스도이시
다. 그러므로 성령 안에 모인 이 거룩한 공의회는 모든

사람에게 복음을 선포하며,마르 16,15 참조 모든 사람을 교회의 얼굴에서 빛나는 그리스도의 빛으로 비추어 주기를 간절히 염원한다. 교회는 그리스도 안에서 성사와 같다. 교회는 곧 하느님과 이루는 깊은 결합과 온 인류가 이루는 일치의 표징이며 도구이다.ˮ「교회헌장」 1항 "교계조직으로 이루어진 단체인 동시에 그리스도의 신비체, 가시적 집단인 동시에 영적인 공동체, 지상의 교회인 동시에 천상의 보화로 가득 찬 이 교회는 두 개가 아니라 인간적 요소와 신적 요소로 합성된 하나의 복합체를 이룬다고 보아야 한다.ˮ「교회헌장」 8항

김 수녀 : 도표대로 제2장에서 하느님 백성인 교회에 대해 고찰하는데요. 하느님 백성을 이루는 두 신분인 성직자교회의 위계 조직와 평신도를 각각 3장과 4장에서 좀 더 자세하게 다루지요. 실상 평신도 신원의 핵심은 여기에 들어 있습니다. 그리고 더 자세한 실천적 적용은 5개 집단 교령, 즉 평신도 사도직, 주교들의 교회 사목직, 사제의 직무와 생활, 사제양성, 수도생활의 쇄신 적응에 관한 교령에 연결되지요. 그리고 다른 3개 교령 즉 동방교회, 일치운동, 교회의 선교활동도 진정한 교회의 정체성을 반영합니다.

안 신부 : 이젠 도표만 보아도 다 알겠지요? 제5장에서는 하느님

의 모든 백성이 거룩하게 되라는 부름을 받았다는 뜻으로 교회의 보편적 성화 소명에 대해 살핍니다. 이어 제6장에서 수도자를 다룬 후 제7장에서 천상 영광을 향해 순례 여정에 있는 교회의 종말론적 성격을 살피고요. 마지막 제8장에서 마리아에 관해 다루고 있는데, 이는 우리 모두 본받아야 할 본보기를 제시한 것이지요. 복되신 동정 마리아가 교회에 탁월한 모범 곧 전형典型이라는 의미입니다.

"하느님께서는 세상을 너무나 사랑하신 나머지
외아들을 내 주시어, 그를 믿는 사람은 누구나 멸망하지 않고
영원한 생명을 얻게 하셨다." 요한 3,16

제5장

한평생을 부르심에 바쳤어라
부르심 그 길 따라서

1. 은총의 길 따라

가족사

1세世 시조始祖 안자미安子美는 12세기 말 고려高麗 때 경북 순흥慶北順興=當時 順安縣에서 탄생誕生하셨습니다. 고려高麗 신종神宗 때 흥위위興威衛 보승별장保勝別將을 지내시고 후에 신호위神虎衛 상호군上護軍으로 추봉追封 되셨습니다.

후손들은 순흥을 본관으로 하여 세계世系를 이어왔는데요. 안자미의 세 아들 안영유安永儒·안영린安永麟·안영화安永和 등을 파조로 한 3파가 주류를 이루고 있어요. 안영유의 손자로는 우리나라 최초의 주자학자인 안향이 있습니다. 안영화의 손자의 손자현손玄孫로 「관동별곡」과 「죽계별곡」 등을 지은 안축이 있지요.

순흥 안씨는 조선 중종 때부터 명종대에 걸쳐 전성기를 누렸고요. 근대 인물로는 독립운동가 안창호와 하얼빈 역에서 이토 히로부미를 사살한 안중근이 유명하지요. 그밖에도 우리나라 최초의 비행사였던 안창남과 애국가를 작곡한 안익태 등이 유명합니다. 대수로 보면 시조로부터 안향이 4대, 안중근이 26대, 안문기는 28대 후손입니다.

안중근은 많은 편지에서 자신이 가톨릭 신자임을 당당하게 고백하고 감사하게 여겼는데요. 여기에는 안중근의 모친 조 마리아 여사의 영향이 컸을 것으로 짐작됩니다. 여순 감옥에서 안중근은 아무래도 눈에 밟히는 여섯 살배기 맏아들 분도를 가장 많이 생각했고, 그에 관한 당부의 말을 특별히 남겼지요. 그는 어머니에게 보낸 유서에서 장손 분도가 신부가 되어 자신의 일생을 천주님께 바치도록 교양해 달라고 부탁했습니다. 「안중근 의사 자서전」 조광

순흥 안씨 가문에 일찍 신앙의 싹이 자랐다

부모와 조상은 후손에게 어떤 뿌리를 제공하는 분들입니다. 안씨 가문의 조상과 유명인물도 중요하지만, 더 중대한 관심은 천주교 신앙의 뿌리가 언제부터 시작되었고 잘 이어가고 있는지 찾는 것이지요. 부모님과 형제자매들은 모두 영원한 안식을 누리고 계시지만 뒤를 이어 태어난 후손들 즉 조카들과 손자들은 모두 세례를 받고 신앙생활에 충실하기를 바라는 마음입니다.

후손들 중 몇 명이 열성적이고, 몇 명이 쉬고 있고, 몇이나 주

일미사에 참여하는 신자인가? 성직자의 가족이니 모범적이라고 자부할 수 있겠는지, 가족이라면 먼저 각자의 신앙생활에 대해 성찰하고 성실히 살펴야 합니다.

안씨 족보를 정리한 5촌 조카인 안현철의 증언에 따르면 부친 안분도^{1898년생}와 조부^{안원식}도 각각 태어나자 유아세례를 받았다고 전합니다. 증조부인 안영 때에 박해시대^{1850년 전후}였지만 신앙을 받아들였기에 자손들이 세례를 받을 수 있었지요. 증조부모는 양촌에 본당이 설립¹⁸⁹⁰되기 전 해미 근처에서 사셨지만 조부가 양촌, 세거리로 이사하고, 부친^{안분도}은 결혼 후 합덕본당 관할 구역인 옥금리^{구양도}로 이사했습니다.

어린 시절의 기도 생활

안문기는 6남매 중 다섯째로 1939년 10월 20일 태어났어요. 태어나서 3일 만에 유아세례를 받았는데 당시 음력생일^{10. 19}을 양력으로 계산하여 '프란치스코 하비에르' 성인 축일이 가까워 세례명으로 정했지요.

일제 강점기라서 먹고 살기도 어려운 시기였지만 소작농이긴 해도 일 한 만큼 먹고 살아갈 수 있었습니다.

어려서부터 기도 소리를 듣고 배웠는데, 아침기도를 조과^{朝課},

저녁기도를 만과晩課라고 했습니다. 『가톨릭 기도서』1972가 발행되기 전에는 『천주성교공과』가 유일한 공식 기도서였지요. 부모님의 말씀에 따라서 아침 일찍 모두 모여 조과를 바쳤고, 저녁에는 늦게 함께 또는 개별적으로 만과를 드렸습니다.

의미는 잘 몰랐지만 자라면서 기도문을 거의 암기할 수 있었어요. 사순시기에는 '십자가의 길' 기도를 했는데, 좁은 방에서 십자가 앞에 일어섰다가 무릎을 꿇어가며 움직였던 기억이 납니다. 주일에는 모두 성당에 가서 미사 참례參禮하였고 어머니는 레지오 단원으로서 선교나 쉬는 교우 방문 등 활동을 했습니다.

부친은 소신학생

부친 안분도는 어릴 때 서울 소신학교에 다닌 사실을 알게 되었는데 고 노기남 대주교의 동기나 선배였을 겁니다. 노 대주교님이 합덕성당에 들렀다가1968년? 돌아가시는 승용차에 신학생으로서 동승했던 필자에게 이 사실에 대해 직접 물었지요. 옥금리를 지날 무렵이었어요. "이 근처에 '안분도'라는 신학생이 있었는데 아는가." "아, 저의 아버지입니다."

노기남은 1917년 용산 성심신학교에 입학한 기록이 있어요. 세 살 위인 안분도가 몇 년도인지 모르지만 신병으로 중퇴했고 아버님이 선종하시기 전 해에 필자는 고등학교를 졸업했지요.[1959] 윤인규 신부[대흥 봉수산 성지 전담]의 증언에 따르면 삼촌 안병휘도 신학교[대학과정]에 다니다가 중퇴했다고 합니다. 아버지가 신학교 갈 시기의 공소 공동체 상황이 어떠했는지는 알 수 없지만, 가족과 지역 본당신부의 허락과 추천을 예상할 수 있으니, 신앙의 뿌리가 굳건한, 모범적인 가정의 일면을 엿볼 수 있습니다.

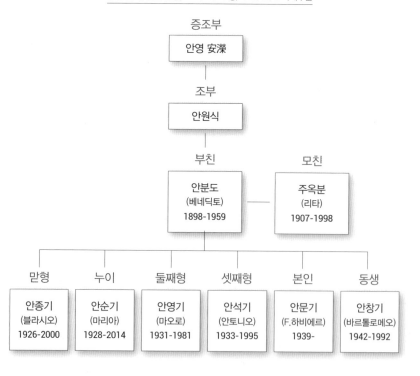

안문기 F.하비에르

충남 합덕, 본관 순흥, 1939. 10. 20생, 1970. 10. 2 사제수품

증조부
안영 安瀯

조부
안원식

부친
안분도
(베네딕토)
1898-1959

모친
주옥분
(리타)
1907-1998

맏형
안종기
(블라시오)
1926-2000

누이
안순기
(마리아)
1928-2014

둘째형
안영기
(마오로)
1931-1981

셋째형
안석기
(안토니오)
1933-1995

본인
안문기
(F.하비에르)
1939-

동생
안창기
(바르톨로메오)
1942-1992

고향 구양도와 옥금리 공소

합덕 신자들이 기억하는 성당 종소리는 '공동체의 신호'였어요. 소리만 듣고도 미사시간, 삼종기도 혹은 누가 돌아가셨다는 부음인지 다 구분할 수 있었지요.

합덕성당에서 127년의 역사를 간직한 종소리의 복원을 기념한 축복식이 2017년 12월 31일 열렸습니다. 이 종소리는 부모 시대부터 들어온 신앙의 소리, 부름의 소리, 생활의 신호였지요. 부모를 따라 성당에 다니다가 첫 영성체 전후^{초교 3년}에는 혼자 다녔고요. 주일학교 교리 시간과 미사 시간 알리는 종소리는 각자의 삶을 구별하고 자신의 신심을 쌓도록 인도하였습니다.

집이 있는 구양도에서 성당까지의 거리는 대략 4km이고, 초등학교^{합덕국민학교}까지는 5km, 합덕중학교까지는 6km였는데 이 길을 걸어서 다녔어요. 걷는 것이 습관이 되어 후에 신학생이나 본당신부로서도 산행을 좋아하게 되었지요. 초등학교 입학 때부터 중학교 졸업까지 어린 시절은 학교와 성당에 다니면서 삶의 기초를 닦았습니다.

여사울성지 ⇨ 구양교 ⇨ 신리성지 도보순례

구양교는 내포 도보성지순례 즉 내포문화 숲길의 첫 코스이지요. 순례객들이 많이 찾는 코스는 여사울성지에서 신리성지까지, 서산 한티고개에서 해미 순교성지까지의 길입니다. 지리적으로 서로 가까운 곳들이기도 하지만 그 길이 가진 역사가 예사롭지 않습니다.

오늘날 여사울에서 신리로 가는 순례길은 구양교를 건너가기만 하면 됩니다. 그러나 1927년 이전 옛날에는 구양교가 없어, 썰물 때 물이 빠진 다음 아래옷만 벗고 걸어가거나 헤엄쳐 건너야 했습니다.

여사울성지는 한국 천주교의 태동을 알린 곳으로 내포지방 천주교회의 사도라 불리는 이존창 루도비코의 고향입니다. 한국 최초의 사제 김대건 신부와 최양업 신부가 이존창 사도에게 교리 교육을 받은 것이 사제가 된 계기였다고 전해졌는데, 한 마디로 이존창 사도와 여사울 마을 공동체가 내포 천주교회의 시작이었지요.

솔뫼에서 태어난 김대건 신부가 이존창 사도에게 교리교육을 받게 된 것은 신리와 여사울의 지리적 특성 때문인데요. 신리는 육지와 바다가 하루에 두 번씩 교차되는 곳이었습니다. 임진왜란 이후 물이 들어오지 않는 곳이 늘어나며 갯벌도 점차 넓어졌기 때문에 제방을 쌓아 만든 마을이 신리이지요. 여사울과 신리 사이엔 삽교천이 흘러 사람들은 이 물길을 통해 왕래했다고 전해집니다. 지금은 물길 대신 둑길을 통해 순례길을 걷습니다. 박해시절 신리 사람들은 관아官衙를 피해 가까운 여사울로 몸을 숨겼지요. 물길 덕분에 사람들 왕래가 적어 선교사들이 몸을 숨기기 좋은 곳이기에 박해의 환란이 잦아들면 다시 돌아가곤 했답니다. 여사울이 신리를 되살려 주는 기능을 한 것입니다.

2. 지식의 길에서

초·중·고교 시절

정신일도 하사불성

태어나서 중학교 졸업까지 옥금리^{구양도}에서 살았는데 살던 집은
당진군의 끝자락인 예산군과의 경계를 이루는 구양교 옆에 있었
습니다. 검문소가 있을 만큼 교통의 요지였지요. 삽교천 줄기가
신평에서 신리 쪽으로 길게 이어져 바닷물이 드나들며 조수간만
의 차이가 심한 것을 실감할 수 있었습니다.

　부모님은 주로 논농사를 지었어요. 모두 소작농이지만 5천 평
이상 되기 때문에 일 년 내내 바빴습니다. 소도 한 마리 키워야
되고 농사지을 머슴도 두어야 했고요. 봄이 오면 농자금이 부족
하기 때문에 매년 장리쌀을 구하는 처지였지요. 농사가 잘 되어
야 빚 갚고 학비 대고 일 년 동안 먹고 살 수 있었습니다. 가난은
면했지만 경제적 여유가 없어 자녀들 대학 보내기에는 부족한
형편이었지요.

6·25 사변이 발발하자 인민군이 와서 어른들을 붙잡아가기 때문에 부모님은 가까운 친척집으로 가서 피란살이를 하고 형들은 군에 입대하거나 학도병으로 나갔고요. 지역 빨갱이들이 집을 점령하고 소도 잡아먹으며 그 해 추수한 농산물도 몰수하는 곤경도 겪었습니다.

피는 물보다 진하다고 하는데, 피보다 진한 것이 있어요. 사상입니다. 피보다 사상이 진할 때 6·25 사변 같은 전쟁이 일어나고 형제가 서로 총을 겨누며 이산가족이 생깁니다. 진정 피보다 아니 사상보다 진해야 할 것이 있는데 그것은 바로 신앙이지요. 어려서부터 성당에 다니고 미사에 참여하며 복음 말씀을 들을 때, 신앙은 견고해집니다.

전쟁의 비참과 좌우파의 싸움, 가난과 죽음도 두렵지 않은 신념과 용기가 생기고 은총으로 보호받지요. 순교자들은 자기 생명을 버리면서도 신앙을 지켰습니다. 이렇게 나의 어린 시절은 부모·형제들의 신앙생활과 가까운 성지의 순교자들 정신을 이어받아 삶의 기반을 이루었습니다. 중학교 영어시간에 배운 영어속담 한 가지가 지금도 머리에 남아 있습니다. "Where there is a will, there is a way." 한자성어로 "정신일도 하사불성精神一到 何事不成"입니다. 이를 해석하면 "정신을 한 곳에 모으면 무슨 일인들 이루어지지 않겠는가!"입니다.

참혹한 전쟁의 상흔

한반도가 1945년 8월 15일 만 35년의 일제강점기 탄압에서 해방
되었으나 어려서부터 시련은 계속되었습니다. 1950년 6월 25일
북한 공산군은 남한의 적화 공산화 무력통일을 위해 남북군사
분계선이던 38선을 넘어 남침, 한반도 전역으로 전쟁을 확대시
켰지요. 이것을 외국에서는 '한국전쟁'이라고 했습니다. 그리고
1953년 7월 휴전협정으로 전쟁이 중단된 상태이고 당시 정해진
군사분계선이 현재의 휴전선입니다.

　3년의 전쟁은 어린 마음에 크나큰 상처로 남아있어 잊을 수 없
습니다. 전쟁이 무엇인지, 왜 전쟁을 하는지, 결과는 어떠한지,
어린 마음에도 체험을 통해 그 비참한 현장에서 깨닫는 바가 많
았습니다. 후에 본 통계에 의하면 남한의 인명 피해는 민간인 약
100만 명을 포함하여 약 200만 명이며, 공산진영의 인명 피해는
100만 명의 민간인을 포함하여 약 250만 명으로 추산되고 있습
니다.

　후에 신학교에서 라틴어를 배울 때 '메멘토 모리Memento Mori'라는
단어를 알게 되었습니다. 자신의 "죽음을 기억하라." 또는 "너는
반드시 죽는다는 것을 기억하라.", "네가 죽을 것을 기억하라."를
뜻하는 라틴어 경구였지요. 옛날 로마에서는 원정에서 승리를
거두고 개선하는 장군이 시가행진을 할 때 노예를 시켜 행렬 뒤

에서 큰소리로 외치게 했다고 합니다. "메멘토 모리!". '죽음을 기억하라'라는 뜻인데, '전쟁에서 승리했다고 너무 우쭐대지 말라. 오늘은 개선장군이지만, 너도 언젠가는 죽는다. 그러니 겸손하게 행동하라.' 이런 의미에서 생겨난 풍습이라고 합니다. 하지만 필자에겐 너무 일찍 경험한 전쟁의 상흔입니다.

구양교에 폭탄 투하

6·25 전쟁 말 1953년 초부터 많은 전투 비행기들이 공중을 뒤덮을 정도였는데요. 그 중 가장 무서운 것이 B29 폭격기였습니다. 원자폭탄을 투하한 비행기라는 말을 듣고는 더욱 무서웠지요. 공산군들이 철수하는 상황이었는데 그 퇴로를 막기 위해 구양교를 폭파한다고 어른들이 이야기 했습니다.

초등학생이었던 나는 탄피가 난무하는 피폭 현장에서 200미터 내외의 위치에 있었어요. 2미터 정도 높이로 쌓은 방조제 둑 아래 납작 엎드려서 귀를 막고 비행기를 쳐다보았지요. 다가오는 비행기 뒤편에서 둥근 달걀 모양의 폭탄이 여러 개 떨어졌습니다. 나도 모르게 기도했지요. "살려주시면 주님의 도구로 일하겠습니다." 잠시 후 요란한 소리와 함께 땅이 흔들렸어요. 손발을 흔들어 보았는데 멀쩡했습니다.

이런 폭탄 투하가 3일에 걸쳐 서너 차례 있었던 것 같아요. 조용해진 어느 날 다리 위에 올라가 보았더니 다행히 다리는 끊어

지지 않았지만, 쇠로 된 다리 난간에 파편이 관통한 흔적을 여러 곳에서 발견했습니다.

밤이면 비명소리

바닷물이 드나드는 개울을 당시 갯고랑이라고 했는데, 썰물 때에 빠른 속도로 내려가는 물 위로 시신이 쓰레기처럼 흘러갔어요. 물 구경 나갈 때마다 눈에 띄었고, 밤이 되면 무서웠지요. 비명소리가 들리곤 했습니다. 왜들 죽고 죽이는 일들이 벌어지는지 알 수 없었지만 참으로 허망하다고 생각했습니다.

인민군들은 확성기를 통해 마을 사람들을 어느 장소에 모이라고 공지한 후, 참석한 사람들에게 인민군들이 승리하고 있다고 선전하며 군가를 비롯한 공산주의 노래를 가르쳤습니다. 학교에서도 비슷한 전승소식과 교장선생의 강의를 듣곤 했는데, 잘 이해하지 못했지만 공산주의가 어떻고 자본주의가 나쁘다면서 자본주의 앞잡이 노릇하지 말라는 내용이었습니다.

후에 깨달았지만 6·25 전쟁은 남한과 북한이 사회이념을 가지고 싸운 전쟁이었습니다. 북한은 소련의 사회공산주의를 선택했고 남한은 미국의 민주자본주의를 선택했기에 일어난 전쟁이라는 것입니다. 6·25는 한국의 전쟁이지만 사실상 미소냉전에 의한 세계의 새로운 구도에 끼어들어 어떻게 보면 미소의 대리전쟁을 하게 된 거나 마찬가지인 셈이지요. 전쟁은 군인들보다 양민들에게 더 큰 피해를 주는데 특히 이데올로기적 싸움의 폐해는 모두를 패배자로 만든다는 것입니다.

한국 전쟁과 교회

이 전쟁으로 남북한 교회는 심각한 타격을 입었고, 전쟁 때문에 북한 지역 교회 활동은 거의 정지되었지요. 북한 지역에서 활동하던 성직자들은 전쟁 발발 직전1949~1950년 6월 24일까지에 거의 모두가 체포되거나 전쟁 중에 살해되고 행방불명되었습니다. 대부분의 성당과 교회 기관은 폐쇄되었고요. 전쟁에 앞서 1949년에는 베네딕도 수도원이, 1950년에는 평양에 있던 '영원한 도움의 성모회'가 해산되었습니다.

전쟁을 전후한 기간에 한국인 성직자는 40명이나 피살 또는 행방불명되었습니다. 또한 외국인 성직자와 수도자가 거의 체포되었는데 그 숫자는 153명으로, 이들 가운데 96명은 전쟁이 끝난 다음 생환하였지요. 전쟁에 따른 이와 같은 인명 피해는 당시 교회의 상황에 비추어 볼 때 매우 심각했습니다.

합덕본당의 순교자

1950년 6월 25일 전쟁의 발발과 더불어 합덕본당은 커다란 시련을 겪었어요. 천주교 신앙 때문에 많은 신자들이 북한 공산군에 잡혀 순교했고요. 8월 14일 고해성사를 주던 백문필페랭. 필립보 신부가 인민군에게 납치당했는데 이때 총회장 윤복수^{라이문도}, 복사 송상원^{요한}이 함께 끌려가 대전에서 처형되어 순교했습니다. 지금도 합덕성당 뒷마당으로 내려가면 야외 제대와 또 하나의 잔디광장이 있습니다. 그곳에는 성 황석두 루카와 6·25 순교자인 페랭 백문필 신부, 윤복수 총회장, 송상원 복사의 순교비가 세워져 있습니다.

동성고교는 나의 예비 신학교

동방의 별인 동성고등학교

시골 중학교에서 서울의 동성고등학교 입학^{1956년}은 생활의 큰 변화요 전환점이었습니다. 감히 서울로 학교를 선택한 것은 두 가지 가능성 때문이었지요. 형제·자매 중에 누나^{안순기}의 집이 서울 영등포 당산동에 있었는데 다행히도 좁지만 기숙할 방이 있었습니다. 여기서 3년을 살았지요.

그리고 셋째 형^{안석기}이 동성고교^{7년 선배} 출신이라 원서접수에서부터 학교생활 전반에 대하여 길잡이가 될 수 있었습니다. 동성고교는 당시 2차 입시 학교라 1차인 경복고에 접수하려고 했으나 형의 불찰로 접수도 못 했는데 후에 생각해 보니 동성고교는 사제성소를 향한 단계요 섭리였습니다. '동성^{東星}'의 한자어를 풀이하면 동쪽별인데 얼핏 마태오 복음 2장에 나오는 동방박사 이야기가 떠올랐어요. 예수님을 뵙고 경배하기 위하여 동방에 나타난 별[東星]을 따라가면 된다고 생각했습니다.

동성고등학교는 1907년에 개교했고, 학교법인은 서울대교구의 가톨릭학원입니다. 동성고교는 동성상업학교로 알려져 있었는데 나의 입학과 졸업1956~1959 시기에는 완전한 인문계 고교로 체계가 잡혔으며 당시에도 대학입시에 주력하면서 학창생활을 했습니다. 그리고 동성고등학교 학생들은 얌전하고 조용하다는 평가가 많았는데 아마도 학교 교육 방침과 선생님들의 영향을 받았을 것입니다.

당시 종교 윤리 담당 신부는 고 최석호 신부였는데 엄하다고 소문이 났었습니다. 일주일에 한 시간 종교과목을 담당하고 가르쳤는데요. 직접 편집 인쇄한 「종교철학」이란 교재로 수업을 했습니다. 고등학생 눈에 '철학'이란 말이 인상적이었는데, 내용은 주로 하느님의 존재, 그리스도, 인간 윤리 등이 포함된 것이었습니다. 일 년에 한두 번 영세식도 있었는데, 친구 하나도 세례 받도록 권했고 대부를 서 주었습니다.

고교생 김수환, 교장 장면 박사

고 김수환 추기경은 1941년 3월 서울 동성상업학교현 동성고등학교 을조乙組를 졸업했는데요. 당시 동성상업학교는 갑조甲組와 을조로 편성된 5년제였는데 갑조는 일반 상업학교였고, 을조는 신부가 되려는 학생들이 다니는 소신학교였지요. 이런 일화가 있습니다. 5학년 졸업반 수신修身. 지금의 윤리 과목 시험시간에 다음의 문제가 나왔습니다.

"조선반도의 청소년 학도에게 보내는 일본 천황의 칙유勅諭를 받은 황국 신민으로서 그 소감을 쓰라." 김 추기경은 마칠 시간이 되자 답지에 이름을 쓰고 "① 나는 황국 신민이 아님 ② 따라서 소감이 없음"이라고 써서 퇴학당할 뻔한 적도 있었다고 합니다. 당시 교장이던 장면은 노발대발하며 따귀를 때렸다고 했는데, 이는 아직 나이도 어린 학생이던 김수환이 일본인들과 일본 경찰에게 고문을 받을까 봐 우려하여 쇼를 한 것이었답니다. 즉 장면이 적절하게 쇼맨십을 발휘하여 김수환의 목숨을 구해 준 셈이지요. 이후 장면은 김수환이 일본 조치上智 대학으로 유학을 갈 때, 추천서를 써주는 등 적극적으로 도왔다고 합니다. 김수환 추기경도 훗날 "장면 선생님이 해 주시는 영어 강의수업 때 미국의 문물에 대한 이야기를 매우 흥미롭게 들었고, 여러 가지로 나를 도와주신 분이라 존경한다."고 언급했다고 합니다.

동성고에 대한 장면 박사의 영향력은 컸다고 봅니다. 1936년 동성고 교장으로 취임하여 17년간 재직하면서 청렴하고 온화한 참 신앙인의 모습을 보여 주었다고 합니다. 총리智로서도 결코 약한 분이 아니라 강력한 민주적 신념을 갖고 이를 실천한 분이라는 평이었습니다. 학교는 현재 서울특별시 종로구 대학로 156^{혜화동}에 자리잡고 있지요. 학교 뒤편에는 10미터 가량 높은 언덕이 있고 그 위에 가톨릭 대학교^{성신교정 : 신학대학교}가 자리하고 있습니다. 행사가 있을 때 자주 가서 보았고, 가끔 언덕 위에 올라가 경계표시인 철조망 안으로 검은 수단을 입고 운동장을 산책하는 신학생들을 볼 수 있었지요. 봄이면 철조망을 뒤덮은 개나리꽃이 장관이요 인상적이었습니다.

동성의 기상

"정치적이지 않고 조용한 편이었습니다. 큰 말썽 부리지 않고 공부 열심히 하는 학생들로 알려져 있었지요. 그러나 옳지 않은 일에 대해선 자기 주장을 분명히 하는 편이었습니다."

– 변우형 전 스포츠서울 사장 (1960년 동성고 학생)

"동성은 4·19 민주혁명 때 독재 권력의 심장부인 경무대 앞까지 진출했던 유일한 고등학교다. 학교장 이하 모든 선생들도 학생들과 함께 거리로 나섰다. 선생까지 검은 권력을 규탄하고자 한 것일까? 아니다. 선생들이 나선 1차적 목적은 학생들에게 위험이 닥치면 이를 몸으로 막아주기 위해서였다는 것이 전창기 전 교장의 증언이었다."

– 홍장학 동성고 교감. 「뉴스레터」 44호, 24쪽. 2012. 3.
"동성 100년사에 담긴 동성고등학교의 발자취" 중에서

"자유당 정권의 부정부패를 규탄하는 시위대를 향해 무장 경찰들이 수백발의 총탄을 정조준 발사합니다. 순간 시위대 앞에 있던 대학생들이 피투성이가 되어 쓰러지고 바로 뒤 서울 동성고 학생들이 총탄의 표적이 됩니다. 무차별 총격으로 경무대 앞 도로는 사망자와 부상자가 속출, 아비규환의 아수라장으로 변해 버립니다. 이날 발포를 계기로 이승만 정권은 종말을 고하고 4·19 학생혁명은 완수됩니다."

– 1960년 4월 19일 오후 1시 40분경 경무대(현 청와대) 앞에서 발생한 사건입니다.

고교 졸업 후 방황과 회심의 시절

부정과 비리의 사회

고등학교 졸업 후 일차 서울대 시험에 낙방한 후에 후기 2년제 사범대학에 들어갔습니다. 초등학교나 중등교사 자격증을 얻기 위함이었지요. 그러나 학교다운 분위기가 아니었습니다. 학생수가 너무 많았고 아마도 등록금으로 배불리는 학교였나 봅니다. 정원의 2-3배는 보통이고요.

학원 이사장이 문교부 고위 관직에 있다고 하니 비리가 드러나지 않고 묻혀 있었습니다. 사학 재벌, 나쁘게 말하면 학원 모리배의 전형일 것입니다.

학교의 부정이나 사회비리를 현실에서 부닥치니 삶이 허무해지고 방향과 진로를 잃어버려서 강의조차 듣고 싶지 않지만 갈 곳도 없었습니다.

방황이란 아무런 목표 없이 떠도는 것을 말하는데요. 고등학교 졸업한 후 약 2년이 그랬지요. 결국 다니던 대학 마지막 등록금을 내지 않았는데, 돈이 없어서가 아니라 더 다니고 싶지 않았기 때문이었습니다.

인보성체회 수사원에 입회

정신적으로 캄캄한 시기에 휴가 온 한 수녀를 만났어요. 인보성체회 수녀로서 맏형 형수의 동생 수녀였는데요. 우연이기보다 섭리였습니다. 앞서 언급한 6·25 전쟁 중 납치된 전 합덕 총회장 윤복수의 둘째 딸인데, 얼굴만 아는 정도로 별 대화도 없던 사이였거든요. 요점은 수녀원 부설 남자 수도회가 있으니 몇 달 살아보라는 말이었지요. 이 말은 길 잃고 헤매던 영혼에게 새로운 메시지였습니다.

1961년 초, 당시 합덕성당 주임 박노열 신부님을 뵙고 추천서를 받았지요. 필요한 서류를 갖추어 수사원에 입회했습니다. 설립자 윤을수 신부께 인사만 하고 너무 바쁘신 분이라 면담할 시간은 없었고 미사 때에 뵙고 강론만 들었습니다. 윤 신부님은 바쁘셔서 미사 집전도 다른 신부가 자주 했습니다.

1962년 대학입학자격 국가고사

수도원에 들어온 후 공동체 일과에 따라 담당 부서에서 일하고 기도했습니다. 라틴어로 된 시편기도^{성무일도의 일부}를 기도시간에 함께 읽었습니다. 매일 아침 미사 중에 윤 신부님의 명쾌한 강론을 들을 수 있었고『준주성범』이 신앙생활의 중심을 잡아 주었습니다. 몇 달 후 신학대학에 진학하겠다는 뜻이 반영되어 입학시험을 준비하도록 허락받았습니다. 11월 중 시험일이 정해져서 원서를 제출하고 홀로 고교 전 과정을 복습했습니다. 군사정부가 학사 부조리를 없애려고 대학입학자격 국가고사제를 시행했는데 정원 미달이 너무 많아 다음 해인 1963년엔 대학입학자격고사와 대학별본고사 제도로 바뀌었습니다.

3. 진리의 길 따라
가톨릭대학교 라틴어과, 철학과, 군 생활, 신학과

라틴어과 입학

별과인 라틴어과 입학과 고 허창덕 신부

혜화동에 있는 가톨릭 신학대학 입구의 문에서 왼쪽에 있는 도서관
못 미처 돌에 교가가 새겨져 있는데 잠시 음미해 보면 좋겠습니다.

진세를 버렸어라 이 몸마저 버렸어라
깨끗이 한 청춘을 부르심에 바쳤어라
성신의 그느리심 아늑한 이 동산에
우리는 배우리라 구원의 VERITAS
(후렴)
성신 성신 ALMA MATER 이여
ALMA MATER ALMA MATER 우리 성신이여

– 작사 : 최민순 신부 작곡 : 이문근 신부

1962년 신학교에 입학하고 배정된 학과가 별과인 라틴어과였
는데요. 학교 기숙사와 성당, 강의실 그리고 운동장은 신학교 생
활 약 10년의 생활공간이었습니다. 개인면담과 강의실에서 뵌
첫 교수님이 고 허창덕 신부였지요. 싫든 좋든 일 년간 라틴어 공
부를 해야 했습니다.

라틴어는 어떻게 '교회 언어'가 되었을까?

라틴어는 인도유럽 어족^{語族}의 이탈리아 어파^{語派}에 속하는 로마
인의 언어인데요. 기원전 1세기 이후 고대 지중해 세계의 공용
어·공통어로서 광범하게 통용되어 우수한 문학을 낳았고, 프랑
스·이탈리아·에스파냐·포르투갈·루마니아 등 로망스 제어^{諸語}
의 근원이 되었습니다.

신약성경 시대에 로마제국 대부분 지역의 공용어는 로마인들
의 언어인 라틴어가 아니라 그리스어였지요. 초기 그리스도교의
문헌들은 신약성경 전체를 포함해 대개 그리스어로 쓰였습니다.
그런데 로마시에 사는 그리스도교도의 수가 늘면서 라틴어 문헌
이 많아졌습니다. 라틴어로 글을 쓴 최초의 중요한 신학자는 북
아프리카에 살았던 테르툴리아누스이고 400년경 예로니모는 라
틴어로 된 불가타 성경을 펴냈지요. 곧 그 성경이 서유럽의 그리
스도교도들에게 널리 퍼졌습니다.

유럽인들 거의 모두가 라틴어를 사용하지 않게 되었을 때도

교회는 여전히 라틴어로 공식 문헌을 썼습니다. 보통 사람들은 라틴어를 몰랐으므로 성경은 대다수 백성에게 '접근 불가능한 책'이었지요. 1500년대 종교분열이 일어나면서 성경은 사람들이 실제로 사용하는 여러 언어^{독일어, 프랑스어, 영어 등}로 번역되었습니다.

가톨릭교회 성가의 기본은 '그레고리오 성가'

우선 그레고리오 성가의 가사는 거의 모두가 라틴어 산문입니다. 이 성가는 가톨릭교회의 전통적인 단성부 전례성가인데요. 그 기원은 예수 그리스도와 사도 시대까지 거슬러 올라갑니다. 당시 시나고그^{유대인 회당}에서 시편 낭송이나 복음을 읽기 위해 특별한 음율이 필요했지요. 초기의 성가는 그레고리오 1세 교황^{590-604년 재위}이 정리하고 완성하여 9세기에 와서는 그의 이름을 따서 '그레고리오 성가'로 불리게 됩니다.

제2차 바티칸 공의회는 전례헌장 116항에서 "성교회는 그레고리오 성가를 로마식 전례의 고유한 성가로 인정한다. 따라서 같은 조건이라면 이 성가가 전례 행위에서 첫 자리를 차지한다."고 밝히고 있습니다.

가톨릭교회는 1960년대까지만 해도 미사 때 라틴어만을 사용하다가, 제2차 바티칸 공의회 이후에는 라틴어와 자국어 모두 사용할 수 있게 되었으나, 기준이 되는 것은 철저하게 라틴어 경문입니다. 지금은 가톨릭교회도 전처럼 라틴어를 많이 사용하지 않지만, 시편을 비롯한 여러 문구의 라틴어 제목은 여전히 사용되고 있습니다. 교회 음악의 합창곡에 아직도 그 문구들이 사용되기 때문입니다.

라틴어는 유럽 교양인의 상징

작은 시골의 언어에서 광대한 로마제국의 언어로 바뀐 라틴어는 그리스어를 통해 수많은 어휘를 가지게 되었음은 물론, 문장표현과 시형詩型을 갖출 수 있었습니다. 로마의 문인文人들은 그리스어를 배워서 자유자재로 구사하면서 문학을 매개물로 그리스 문화를 흡수했고, 그리고 그들은 될 수 있는 대로 그리스어를 라틴어로 옮겨서 쓰려고 노력했지요.

제2차 세계대전 전까지 라틴어는 유럽인의 '교양'을 뜻하는 하나의 상징이었지요. 중세는 물론 근세에 이르러서도 대학에서는 라틴어 강의를 했는데, 이는 라틴어가 서유럽 문화 속에서 차지하는 중요한 위치를 말해 주는 것입니다. 만일 로마가 켈트인의 공격에 굴복하여 라틴어가 일찍 사멸해 버렸더라면 아마도 오늘날 유럽의 모든 언어들은 표현이나 어휘가 매우 빈약한 것이 되고 말았을 것입니다.

철학과 2년

최근의 신학대학은 철학과와 신학과 구분 없이 4년 동안 학년별로 교과 과정을 배정합니다. 1960년대에는 철학과 2년을 마친 후 군복무를 위해 지원했고 제대 후에 신학과에서 4년 동안 학과 강의를 들었습니다. 1955년 신학부를 6년제로 개편하여 신예과 2년과 신학과 4년으로 편성했으며, 1959년 가톨릭대학으로 교명을 변경하고 이듬해에 대학원 석사 과정을, 1961년에는 박사 과정을 개설하였지요.

1962년 12월에는 신학부 6년 과정을 다시 4년제로 개편했지만 4년 과정을 마친 성직지망자들을 위해 2년간의 추가 교육 과정 즉 연구과 과정을 계속해서 운영했습니다. 1971년 성직희망자가 아니더라도 가톨릭 신학을 전공할 수 있도록 입학의 문호를 개방했고, 1974년부터는 여학생의 입학을 허용했습니다.

군 생활 30개월

논산 훈련소에서 병참 학교와 육군 군의 학교로
철학과를 마치자 학교 방침대로 바로 군 입대를 지원했는데, 즉시 영장이 나왔어요. 1965년 1월 13일 추운 겨울이었습니다. 개별적 입대라서 더욱 춥고 쓸쓸한 느낌이었습니다. 논산 훈련소에서 가장 기강이 세다는 30연대에 배치되어 훈련병으로 무사히 훈련을 마치고 병참병과 배정을 받아 대전 육군병참학교로 갔습니다. 6주간 정도 병참교육을 받고 다행히 학과 성적이 좋아 후방 요청부대를 선택할 수 있었어요. 당시 대구에 의무기지 사령부가 있었고 충원 요청에 따라 배치를 받고 육군군의학교에서 2년을 살았습니다.

국방부 시계는 거꾸로 매달아도 돌아간다?

군복무 중 가장 힘들게 느낀 점은 역시 시간이 더디기만 한 게 사실이었습니다. 군 생활이 아무리 힘들어도 시간은 흘러가고 언젠가는 제대할 때가 오지요. 그래서 '국방부 시계'란 말이 나왔는데 그렇다고 의미 없이 하루하루를 살아가지 말라는 교훈(?)도 담긴 듯합니다.

규칙적인 생활에 몸과 마음을 맞춘다는 것은 감내하기 힘든 일이지만, 신학생들은 예외라고 할 수 있습니다. 이미 아침부터 저녁까지 규칙생활을 했으니까요. 어느 날 다음 글을 읽게 되었어요. "당신의 생각이 당신을 만든다. 자기에게 주어진 현실을 부정적으로 바라본다면 점점 당신의 삶은 힘들어질 것이고 반대로 자신의 삶을 긍정적으로 바라보고 좌절하지 않는다면 결코 실패하지 않을 것이다."

가톨릭대학 신학과 편입 및 교구 변경

신학과 수강과 교구 변경

1967년 새 학기가 시작된 지 한 달이 지났지만 제대 후 즉시 학장신부의 허락을 받고 신학과의 정식 과정을 수강할 수 있었습니다. 따라서 다른 동기생들보다 1년 먼저 신학과 학생이 되었어요. 비슷한 시기에 제대한 대전교구 두 신학생과 함께 생활하게 되어 1년 선배들과 큰 어려움 없이 어울렸습니다. 대전교구 신학생들의 권유로 교구를 서울에서 대전으로 옮겼지요. 물론 교구장의 허락이 필수였습니다.

세계 최초의 대학이 바로 신학대학

사전에 보면 신학대학이란 어떤 종교의 교의를 심층적으로 연구하고 체계화시키며 신과 인간의 관계를 종교적인 측면에서 밝히는 학문인 신학을 연구하는 단과대학입니다. 신학이 학문의 여왕이던 중세 유럽에서, 대학교의 탄생 가운데 최초의 대학으로서 등장한 것이 바로 이 '신학대학'이었기 때문에 신학대학의 역사는 대학의 역사와 밀접한 관련을 지니고 있습니다.

포괄적으로 원래 의미의 신학은 그리스도교뿐만이 아닌 유대교, 이슬람교 등의 신 위주의 종교 교의를 연구하는 학문이라고 할 수 있지요. 이슬람교 역시 시아파, 수니파, 알라위파 등의 다양한 신학적 분파가 있습니다.

다만 한국에서는 그리스도교와 불교가 양대 주류 종교인데, 불교는 신의 존재를 가정하지 않으므로 한국에서는 '신학'이라고 하면 주로 그리스도교 신학을 뜻하지요. 그렇기 때문에 그리스도교 계통의 종교에서 교리, 영성, 교회사 등을 연구하고요. 이를 통해 신과 인간, 교회에 대한 이해를 높여 진리를 탐구하며 동시에 교회를 탄탄히 뒷받침할 인재를 양성하는 대학이라고 할 수 있습니다. 간단히 말하자면 신학대학의 기능은 성직자 양성소이지요, 사실 대한민국의 신학대학은 앞서 말한 신학 연구와 종교학 연구 기능도 존재하며, 그 역할이 점점 더 부각되어 가고 있지만 아직까지는 그 기능이 성직자 양성에 집중되어 있습니다.

제2차 바티칸 공의회와 김수환 추기경

신학과 4년 과정에서 학과 공부도 중요했지만, 시대의 징표를 이해할 안목이 필요했습니다. 급격하게 세상과 교회가 변하고 있었기 때문입니다.

제2차 바티칸 공의회는 다 아는 바와 같이 1962년 요한 23세 교황이 소집했으며, 1965년 바오로 6세 교황 때 폐막한 제21차 세계 공의회입니다. 요한 23세는 공의회를 소집하면서 "교회 생활의 모든 분야가 현대 세계에 '적응'하는 차원을 넘어 완전히 의식 변화를 해야 한다."고 천명했습니다. 그 결과 이 공의회는 가톨릭뿐 아니라 다른 종교, 나아가 20세기 중반 이후 현대 인류 문명 전반에 혁명적 영향을 끼쳤지요. 나아가 교회의 자각과 쇄신, 신앙의 자유, 종교와 정치의 제 역할 찾기, 개별 민족과 사회 존중, 세계 평화, 개신교를 포함한 그리스도 교회의 일치, 다른 종교와의 대화, 전례 개혁을 비롯한 교회의 현대화 등을 촉구했습니다.

고 김수환 추기경의 직무, 직책 변화는 나의 신학과 4년간 거의 매년 변화하는 교회의 모습을 보여준 것이지요.

1966년	주교 수품, 마산 교구장
1966년	대주교 승품, 서울 대교구장
1969년	추기경 서임
1970-75년	한국천주교 주교회의 의장

공의회 이후 다소 어수선한 분위기 속에서 가장 빨리 공의회 정신을 터득하고 적응하는 한국 교회의 모습을 볼 수 있었는데, 그 첫째는 바로 김수환 추기경의 모습이었습니다. 추기경의 강의나 강연은 누구나 들어도 쉽고 감동적이었지요. 무슨 말씀을 하시건 쉼표 하나 일일이 챙기는 정성이니 당연할 수밖에 없어요. 그렇게 추기경은 우리에게 많은 금쪽같은 귀한 말씀을 남겼고요. 한마디로 요약한다면 '인간 존엄'이었습니다.

4. 사랑의 여정
사제 서품, 일곱 본당 사목 이야기

사제 서품

신학교 전 과정을 다 마친 신학생들에게 각 교구별로 서품식이 있었는데, 대전교구는 1970년 10월 2일 오전 10시에 대전 대흥동 주교좌 성당에서 고 황민성 교구장 주교 집전으로 사제서품식이 거행되었지요. 4명의 새 사제가 탄생했는데 나이순으로 안문기, 정용택, 이두행, 박종우 신부였습니다. 당시엔 서품미사에 대흥동성당이 비좁을 만큼 신자들이 많이 참여하지 않아서 좌석의 여유가 있었습니다.

각 출신 본당 신자들이 왔지만 시골 성당이라 버스로 몇 대 정도였어요. 출신지 합덕 신자들도 버스를 대절하여 타고 왔지요. 그런데 예상하지 못한 서울 당산동 본당신부^{당시 명노환}와 여러 청년 단체 신자들이 참석하여 축하해 주었는데, 부제수품 전후에 그 본당 사목에 협조하였기 때문입니다.

서품 동기 20명 중 2020년 사제수품 50주년 금경축을 맞는 동기 동창은 10명인데요. 서울교구 염수정 추기경, 임덕일, 김충수, 박용일 신부와 수원교구 하재별, 최재용, 청주교구 김유철, 대전교구 안문기, 박종우, 그리고 대구교구 손상오 신부입니다. '전국 동창 카톡방'을 만들어 놓고 자주 문자를 주고받고 있습니다.

사목 표어

> 믿음은 우리가 바라는 것들의 보증이며
> 보이지 않는 실체들의 확증입니다. 히브 11. 1

"사실 옛사람들은 믿음으로 인정을 받았습니다. 믿음으로써, 우리는 세상이 하느님의 말씀으로 마련되었음을, 따라서 보이는 것이 보이지 않는 것에서 나왔음을 깨닫습니다." 히브 11,2-3

히브리서 11장은 믿음에 관한 장입니다. 저자는 먼저 믿음의 의미와 특징을 밝힌 다음, 아벨에서 비롯하여 마카베오 시대에 이르기까지 믿음의 위대한 조상들을 길게 열거합니다.

6절에서 핵심적인 말씀을 합니다. "믿음이 없이는 하느님 마음에 들 수 없습니다. 하느님께 나아가는 사람은 그분께서 계시다는 것과 그분께서 당신을 찾는 이들에게 상을 주신다는 것을 믿어야 합니다." 히브리서는 특히 아브라함의 믿음을 강조합니다.

"믿음으로써, 아브라함은 장차 상속 재산으로 받을 곳을 향하여 떠나라는 부르심을 받고 그대로 순종하였습니다. 그는 어디로 가는지도 모르고 떠난 것입니다."^{히브 11.8} 아브라함은 믿음으로, 약속된 땅에서 이방인으로 또 순례자로 살았습니다.

촛불의 상징

서품식 날 축하해 준 신자들에게 상본을 나누어 주었는데, 촛불이 네 개 또는 다섯 개 보이지요. 우선 빛의 역할이 중요합니다. "너희는 세상의 빛이다. … 이와 같이 너희의 빛이 사람들 앞을 비추어, 그들이 너희의 착한 행실을 보고, 하늘에 계신 너희 아버지를 찬양하게 하여라."^{마태 5.14-16} 모두 잘 아는 말씀입니다.

세상이 어둡다고 한탄한들 어둠이 사라지겠습니까? 우리 함께 한사람 한사람이 스스로 먼저 작은 촛불을 밝힐 때에 세상은 밝아지겠지요. 히브리인들에게 보낸 서간이 우리에게 상기시켜 주듯이, "믿음은 우리가 바라는 것들의 보증이며 보이지 않는 실체들의 확증입니다."^{히브 11.1}

아브라함의 경우처럼, 믿음은 하느님의 부르심에 복종하는 것이며 믿고 여정을 떠나는 것입니다. 상본을 보고 부름 받은 존재,

선택된 존재, 하느님의 사랑받는 소중한 자녀임을 재확인하지요. 새로운 삶이 예수님을 통해 가능하게 되었음을 깨우칩니다. 대림시기의 촛불을 연상하면서 예수님과 함께 이미 하느님의 나라, 종말의 삶을 지상에서 살고 있다는 것입니다.

국내 연수 신문대학원

인사발령이 있었는데 세 명은 각각 보좌신부로 부임했고, 저는 연초부터 대학원에 입학한 학생이므로 국내연수로 발령되고 거주는 자유였지요.

다행히 일 년 정도 당산동성당에 머물면서 주보 편집과 주말 미사와 고해성사를 주었습니다. 그리고 평일에는 한국천주교중앙협의회가 퇴계로에 있었는데 그곳으로 출퇴근하며 경향잡지부에서 편집을 배우고 도움도 주었습니다.

그런데 당산동 본당신부가 명동성당 수석보좌로 이동되는 바람에 내가 하던 일을 인계하고 거처를 중앙협의회 빈방으로 옮기게 되었지요. 명동성당에는 가톨릭대학 교수였던 최석우 신부가 본당 주임신부, 일년 선배인 장덕필 신부가 제2보좌, 동창인 박용일 신부가 제3보좌여서 찾아가 인사하고 명동본당 주보편집을 맡았습니다.

명동 대성당 주보 편집^{1971. 6. 13-1972. 4. 16}

주보 명칭이 처음^{400호}에는 '명동대성당주보'였는데 두 주 후^{403호}부터는 '명동주보'로 바뀌었습니다. 4면 중 1면 강론과 3면의 공지사항 이외 전체의 편집과 2면 전체와 4면의 칼럼을 매주 썼습니다. 1971년 초에는 대전교구 고 백남익 신부 보좌로 가톨릭문화회관 부관장 직임을 맡았고 명동주보 편집의 경험을 바탕으로 '대전주보'를 창간^{1971. 12. 25}할 수 있었습니다. 1972년 초^{2. 26}에는 대학원 과정도 마치고 졸업하니 서울 통학도 끝났습니다. 칼럼란은 '십자로'란 명칭에서 '칼럼' 그다음엔 '종현^{鐘峴}'으로 바꿔가며 1973년 7월 1일까지 썼습니다.

명동성당은 한국 천주교회의 상징

명동성당의 공식 명칭은 '천주교 서울대교구 명동교회'인데요. 우리나라 천주교의 상징이자 최초의 본당으로 한국 천주교를 대변하는 대성당이지요. 성당이 지닌 종교적·건축적 가치와 함께 우리 현대사가 요동치던 고비마다 지성과 양심의 보루로 사회적 책무를 다해 온 시대사적 의미가 깊은 곳이기도 합니다.

　서울대교구의 주교좌 성당이므로 추기경님을 미사 때나 성당 구내에서 가끔 뵙고 인사드릴 기회가 있었지요. 몇 번 성탄과 부활 메시지를 명동주보에 편집 게재하였습니다. 사목적으로 보아도 명동성당은 전국으로 열려 있는 느낌을 주었습니다. 미사 참여자는 본당신자만이 아니고 타 본당, 즉 한국 전역에서 온 신자들입니다. 혼인공시를 보면 어느 교구를 불문하고 미리 시간을 예약할 수 있습니다. 토요일 오후에는 세 시간 동안 쉼 없이 고해성사를 주었는데, 고해자들은 전국에서 온 신자들이었지요. 그들은 묻지 않았는데도 어느 교구나 지방에서 왔다고 말하곤 했습니다.

안중근의 명예 회복

주보편집 관계로 한국 천주교회사 연구의 개척자인 최석우 신부를 명동성당에서[1971~1972] 약 1년간 자주 뵙게 된 것은 큰 행운이었지요. 고 최석우 안드레아 몬시뇰은 59년 사제생활 가운데 50년 이상을 한국 천주교회사 연구에만 전념했고, 이 연구를 통해 한국천주교회의 모습과 순교자들의 신앙과 삶을 신자들과 세상 사람들에게 알려 주었습니다.

특히 1964년 8월 '한국교회사연구소'를 설립하여 한국천주교회의 역사와 문화 연구 및 순교자 현양을 통한 한국 가톨릭 문화 정착과 발전을 이루었으며, 한국 천주교회사를 신학과 인문학의 한 분야로 체계화했고, 순교 신심의 대중화에 크게 이바지했습니다.

제1장에서 언급한 가족사와 관련된 특기할 사항은 정약용[요한]과 안중근[토마스]의 명예회복과 신앙 복권인데 이 일에도 앞장섰습니다. 즉 최 몬시뇰은 『다블뤼 주교 비망기』 내용을 근거로 정약

용이 배교자로 머물러 있지 않고 진실한 참회자로 생을 마감한 사실을 밝혔고, 안중근과 서양의 신앙 증거자를 비교하여, 안 의사의 신앙과 영성을 종합 규명해 살인자가 아닌 시복시성의 대상자로 명예를 회복시켰습니다.

일곱 본당 사목 이야기

본당 사목 체험 몇 가지

사제수품 이후 교구 인사 발령에 따라 국내 사목본당으로는 7개 지역 본당에서 사목하였고 외국사목의 기회가 있어 지원하여 독일 아우크스부르크 교구에서 본당 사목에 협조했습니다.

■ 일곱 본당 중 처음 두 사목구 즉 규암과 문창동본당에서는 예비자 인도와 교리교육에 열성을 다했지만 만족보다는 사목의 실습 단계였다고 보았습니다. 내 사목 구상과 신자들의 생활 현실은 예상보다 차이가 심했기 때문입니다. 본당 주임신부 발령 전 서울 당산동이나 명동의 공동체 수준의 사목과 시골 본당 사목의 방향이 같을 수 없었습니다. 주임신부의 의도가 신자들에게 전해지는 내용과 과정이 큰 차이를 보였습니다.

■ 아우크스부르크는 독일 남부지역의 주요 교통 교차지점이며, 역사적인 도시, 분주한 산업 중심지 중의 하나이기도 합니다. 이 교구와 대전교구가 자매결연을 맺고 있었습니다. 이미 두 신부가 독일인 사목을 하고 있었지요. 양 교구의 합의하에 신부 하나를 더 파견한다는 교구의 공지가 있어서 지원 신청을 했습니다. 독일에 도착한 후 맨 먼저 눈에 들어온 것은 거리와 창 밖에 펼쳐지는 문화적 차이였어요. 이 문화 충격은『대림과 성탄』[1984] 이란 책을 쓰게 된 동기가 되었습니다.

■ 1985년 선화동성당과 1990년 천안 봉명동성당 주임신부 시기 10여 년은 사목활동의 전성기였지요.『계절과 축제』[1992] 책도 이때 출판되었습니다.

■ 사목경험을 바탕으로 효율적인 성당 신자공동체 형성에 힘쓰고, 여러 글과 자료를 정리하면서 개정판을 만들었습니다.

1) 부여 규암본당 첫 사목구 성당

"내 양들을 잘 돌보아라."

"너는 나를 사랑하느냐?" 예수님의 질문입니다.[요한 21.17] 물론 성경에서는 베드로 사도에게 하신 질문이지만 사제품을 받고 첫 본당 주임신부로 파견하는 주교의 질문도 비슷합니다. "거기에 가면 이러저러한 어려움과 해결해야 할 과제가 있다. 잘 할 수 있겠느냐?" 베드로 사도의 대답이나 사목을 위해 파견되는 신부의 응답도 같을 수밖에 없습니다. "주님, 주님께서는 모든 것을 아십니다. 제가 주님을 사랑하는 줄을 주님께서는 알고 계십니다." 세 차례나 거듭 확인한 후 예수님께서 베드로와 저에게 말씀하셨습니다. "내 양들을 잘 돌보아라."

규암은 '규窺. 엿보다와 암嚴. 바위'이란 한자로 만들어졌고 '엿보는 바위'란 뜻입니다. 당나라 소정방이 부여를 침공할 때 바위 뒤에 숨어서 적정을 엿보던 병사가 사비성에 소식을 알렸다는 일화에서 유래했습니다.

규암성당은 1973년 부임 당시 관할 구역이 부여군 규암면 일부, 은산면, 장암면, 임천면, 청양군 장평면, 청남면까지 포함되었고, 구역과 공소에는 강당이 있어서 판공성사와 미사 집전하기에 큰 불편이 없었습니다. 그래서 시골 오지 공소까지 찾아다녔습니다. 당시 개인 오토바이를 이용하여 가까운 구역이나 공소의 신자들 모임에 자주 참여한 기억이 납니다.

짧은 2년 8개월 동안 영세자 245명
이농현상과 인구 유출에 따라 규암성당 신자 숫자도 점차 줄어들 수밖에 없었습니다. 매년 교구청에서는 각 본당의 성사 사목 실태를 포함한 신자 총수와 증감 및 분포에 관한 교세통계표를 작성합니다. 대전교구 교세통계표에 보면 규암성당 신자수는 1973년 1,543명, 1974년 1,376명, 1975년 1,389명으로 집계되어 있었습니다.

1년 만에 167명이, 10년 전^{1963년 1,944명}보다는 401명이 줄어들었어요. 그다음 해엔 줄지 않았으나 새로 세례 받은 신자를 제외하면 매년 100여 명씩 줄어든 셈이 됩니다. 일 년에 두 번은 판공성사를 위해 각 공소를 방문했는데 그때마다 수가 줄었지요. 실제로 교적만 있고 가정의 자녀들^{학생, 청년, 출가}은 다른 지역에 살고 있었습니다.

1973년 1월에 규암성당에 부임하여 우선 2-3개월 간 가정방문과 구역, 공소모임 활성화에 힘썼지요. 이런 활동은 3년간 계속되었습니다. 주일미사에 참여하는 신자들에게는 강론시간에 생활 현장에서 복음을 전하는 선교사명과 예비신자를 인도하는 봉사정신을 강조했고, 구역장, 공소회장 모임, 신심단체 회합도 모두 복음 전파를 위하여 기도하고 활동하도록 권고했습니다. 수녀님 두 분이 예비자들과 학생들 지도에 헌신 봉사 하셨지요.

본당에서는 7세 이하 어린이 세례를 강조하고 매월 한 번 날짜를 정하여 세례를 받도록 공지했어요. 당시 산아제한 정책의 부당함을 설명하고 하느님의 자녀로 새로 태어나 영원한 생명을

약속받는 성사가 세례성사임을 가르쳤습니다. 고맙게도 성당에
안 나오던 아기 엄마들까지 어린이 세례를 받게 한 후 기꺼이 주
일미사에 참여했지요. 성인과 유아 세례자를 합쳐 2년 8개월 동
안 영세자는 245명이었습니다.

견진성사는 1975년 8월 10일에 고 황민성 주교님 집전으로 143
명이 받았는데 견진사진을 보니 반수 이상이 초중고 학생들이었
습니다. 요즘 성당에서 보기 어려운 활기찬 모습이었습니다. 교회
공동체의 견진성사는 세 가지 특성으로 요약될 수 있습니다.

첫째는 세례 받은 신자들을 위한 재교육의 기회,

둘째는 견진자마다 영성적으로 변화,

셋째로 본당공동체의 활성화를 들 수 있습니다.

규암성당 사목을 하며 배운 것이 많았습니다. 시집온 새색시
처럼 시행착오를 거듭하면서 기본을 익혔고 좋았던 방법을 활용
하여 다른 본당 사목에서는 큰 성과를 거두게 되었음을 자랑스
럽게 생각합니다.

2) 대전 문창동본당 소공동체 교육 시도

소공동체의 네 가지 특징

최근 교육을 받은 한 신자는 다음과 같이 소공동체의 특징을 네

가지로 요약했습니다.

1. 소공동체의 구성원들은 우리의 이웃이다. | 이웃 가정 모임
2. 소공동체는 복음나누기를 모임의 기초로 삼는다. | 복음 나누기
3. 소공동체는 믿음을 바탕으로 교감하며 활동한다. | 선교 활동
4. 소공동체는 보편 교회와 연결되어 있어야 한다. | 보편교회와 일치

대전교구 최초의 본당 소공동체 교육

신자들은 보통 '사목'이라는 말을 본당신부가 신자들을 관리하는 일로 오해하지요. 그러나 현재 교회의 사목 현장을 보면 대부분 성직자와 평신도가 함께 문제를 해결하기 위해 협력하고 있잖아요? 이처럼 성직자와 평신도가 함께 세상 사람들을 섬기는 일이 모두 사목이지요.

이미 4장에서 소개한 『교회헌장』에서 교회는 '하느님과 깊은 일치를 이루는 신비체'라고 했어요. 교회는 '하느님의 사랑을 세상에 드러내기 위한 도구이며 표지'입니다. 또한 교회는 '하느님의 백성'인데 즉 성직자, 평신도, 수도자가 그리스도를 중심으로 하나 된 공동체이지요.

하느님의 사랑을 깊이 체험하고 그 사랑을 세상에 보여 주는 공동체로서의 모습이 바로 교회인 것입니다. 그러한 교회의 본질적인 모습을 실현하기 위해 소공동체 모임이 요청되지요. 그래서 대전교구에서는 문창동에서 처음으로 3박 4일 동안 서울

대교구 유재국 교수 신부 지도로 본당 소공동체 교육을 실시했습니다.^{1975.10.26}

「처음과 같이 이제와 영원히」_{문창동본당 설립 50주년 기념집} **기자와 대담**

질문 : 신부님께서 문창동에 주임신부로 발령받아 1975년 9월 10
　　　 일부터 1978년 1월 13일까지 계셨는데 만 2년 5개월 동안
　　　 사목의 중심은 무엇이었습니까?

응답 : 전 본당에서처럼 선교에 매진했습니다. 첫해에 81명 세례
　　　 성사를 주었고, 다음 해에 두 번1976년 6월, 12월을 합하
　　　 여 154명, 1977년에 85명, 총합계 320명의 새 신자들을 인
　　　 도했습니다. 당시 주보에 보니까 저의 부임 때 본당 신자
　　　 수는 1,500여 명이었는데 1970년대 말 2,060명으로 교구통
　　　 계표에 나왔습니다.

질문 : 특별한 선교방법이라도 있었습니까?

응답 : 특별한 방법이라기보다는 천주교에 관한 지역사회의 호
　　　 감도가 높았고, 예비신자 교리반이 수녀님 중심으로 두
　　　 반 있었는데 주임신부 반을 하나 더 신설했습니다. 구역
　　　 반 모임과 구역 반장교육, 가정방문, 강론, 신심단체, 전
　　　 신자 모두 예비신자를 인도하도록 적극 권장했지요. 또한
　　　 어린이 세례성사의 중요성도 강조하며 매월 정기적으로
　　　 어린이에게 세례를 주었습니다.

질문 : 당시 문창동에는 비신자들 중심의 조기 축구동호회가 있었는데, 그들 중 많은 장년 남자들이 입교했다는 말을 들었습니다.

응답 : 천주교 신자 몇 명이 동호회의 중심 멤버였습니다. 어느 날 운동장에 나와서 격려사를 해달라고 요청이 왔습니다. 좋은 기회라고 여겼지요. 이런 이야기를 했습니다. "축구의 최종목표가 무엇입니까? '골인' 아닙니까? 공을 목표에 들어가도록 하는 것이 축구의 생명입니다. 따라서 골을 못 넣는 팀은 죽은 팀입니다. 제가 신부입니다만 저도 삶의 목표가 있습니다. 기왕 살 바에는 '영원한 삶'에 골인하자는 것이지요. 여러분, 힘내세요. 축복을 빕니다."

3) 대전 선화동본당 본격적인 사목활동

풍족한 공동체

제3대 선화동 본당신부^{1985. 8. 29–1990. 8. 23}로 부임할 당시 선임자들의 노고와 활동의 덕택으로 신설 본당의 어려움을 거의 극복하여 성당과 부속 건물이 다 갖추어져 있었는데요. 신자 수의 증가로 성당과 사제관 수녀원 유치원이 좁다고 생각했지요. 그래서 사목회를 통해 성당 맞은편 도로 건너에 매물로 나온 천여 평의 대지와 성당 터의 교환을 추진했으나 뜻대로 되지 않았어요. 몇 년 후 선화동 공동화 현상을 예상했다면 도리어 잘된 일이었습니다.

그나마 다행히 중촌동에 아파트가 들어서니까 전입 신자들을 인도하기 위해 구역 반원들이 힘을 모았어요. 그런데 목동성당과 관할구역 문제로 의견 차이가 생겼지요. 당시 중촌동은 선화동성당 관할구역이었고 거리도 가까웠지만 뚜렷한 경계선이 없었어요. 아파트 신자가 증가하니까 양편에서 서로 인도했고, 교구청에서 구역 경계를 재확인했지만 목동 신자들 중에서 문의하는 전화가 자주 왔었지요.

모임에 그치면 나눔이 없다

초대교회가 실천한 공동체의 모습을 흔히 '사귐과 나눔과 섬김'의 공동체라고 하는데요. 선화동에 와서 처음 파악한 단체가 '신우회'였어요. 글자 그대로 친목 단체였지요. 물론 신자들이지만 직장이나 재력 나이 등 비슷한 사람들이 A, B, C로 구분하여 팀을 이루었습니다. 그러니까 전 문창동본당에서 제시한 '소공동체의 네 가지 특징' 중에 한 가지도 없었어요.

다시 말하면 가정 중심 모임, 복음나누기, 선교활동, 보편교회와의 일치 등과 연관성이 없고, 새로운 신자가 전입하거나 세례를 받으면 어느 한 팀에 배치하는 방식이었지요.

이에 대한 대응책으로 성당에서 매주 한 번 성경 강의를 하고 구역 반 모임을 성경이나 구역모임 회보를 만들어 함께 말씀을 나누고 삶을 나누는 공동체로 바꾸고자 시도했습니다.

사귐과 나눔과 섬김의 공동체 지향

"평소 사목에 대하여 어떤 소신을 가지고 계셨는지 말씀해 주십시오." 「선화동성당 30년사」

"사목은 복음적이라야 합니다. 다시 말하면 '예수님의 사목'을 모범으로 삼는 것입니다. 사도들은 예수님의 가르침에 따라 사목직을 수행했고, 후에 교회는 이를 '증거, 전례, 친교, 섬김'으로 제시했습니다. 지금도 우리 모두는 이 '그리스도인의 4대 사명'을 수행할 의무가 있습니다. 선화동성당에서 제가 중점을 둔 것은 증거와 전례였습니다. 그래서 우선 구역 반모임 즉 소공동체의 활성화를 위해 노력했습니다.

소공동체 사목이란 '하느님 백성의 교회', '친교의 교회'라는 새로운 교회상을 실현하기 위한 사목 원리로, 제2차 바티칸 공의회에서 처음 공식 제기된 이후 전 세계로 확산되고 있었습니다. 평신도들의 주인의식을 고양하고, 한편 성경공부를 통해 그리스도 중심적 사고와 친교의 공동체를 형성해 나아가도록 지도했습니다. 계명 중심의 경직된 사목에서 하느님 사랑과 회심에 바탕을 둔 사목, 개인의 구원과 기복신앙에서 공동체의 구원을 향해 존재하는 교회를 목표로 이끌었습니다."

"사목활동의 결과는 어떻게 보셨습니까?"

"대전교구 교세통계표에서 세례성사자 통계를 보니까 1986년에는 세례 받은 숫자가 네 차례에 걸쳐 114명의 성인 영세자와 유아 29명 합계 143명이었습니다. 1987년 31명, 1988년 65명, 1989년 110명의 세례자가 있었고, 1990년도 112명 중 8월까지 60명 이상 세례성사를 받았습니다.

그리고 1985년 자료가 없는데 8월에 부임해서 연말까지 50명 이상 영세자가 있었을 것입니다. 5년간 선화동 영세자 총수는 대략 500명이었습니다. 총신자수는 1985년 말 1,215명에서 1989년 말에는 1,703명으로 증가했습니다. 이것은 앞에 설명한 소공동체 활성화의 결실이라고 확신합니다."

4) 천안 봉명동본당 넓은 사목구에 선교 열풍

사목활동의 다양성과 전성기

2012년 7월부터 약 3개월 동안 '천안 봉명동본당 초기사목 이야기'란 제목으로 봉명동본당 사목활동에 관한 자료를 수집하여 A4 용지 47쪽 분량으로 비매품 기록물을 만들었습니다. 물론 봉명동본당 홈페이지에 원고를 보냈고 기록물을 소책자로 만들어 본당 신부와 사무실 그리고 아는 신자들 30여 명에게 전달했지요.

소책자에 실린 내용 중 사목활동 부분만 발췌하여 제시하고자 합니다. '차례'와 '인사말씀'을 보면 전체 사목 내용을 엿볼 수 있습니다. 가정방문, 구역모임, 예비신자 모집과 교육 그리고 견진성사 결과에 관한 내용이지요. 지금부터 25년 전 이야기이므로 '봉명동 초기'란 말을 사용했습니다.

가정방문과 축복기도

봉명동본당 부임[1990. 8. 25] 후 우선 시작한 일이 가정방문이었는데요. 길과 집을 알아보는 데는 걸어서 구역 반, 가정을 찾아나서는 것이 최선이었습니다. 첫해에는 두 달 정도 시간 나는 대로 방문하고 반 모임에 참여했고요. 다음 해부터 5년간은 구역 반 모임을 돌아가며 했어요. 모임 때마다 가정에 참여하고 그 반에 새로 이사 온 가정을 방문하여 함께 축복기도를 했습니다.

가정방문 전 구역 반장이 통보한 집도 있고 미처 연락을 못 한 집도 있었지요. 대부분 반가이 맞아 함께 기도를 바쳤어요. 그런데 어떤 신자들은 반장이 연락하면 일도 없이 바쁘다는 핑계로 집을 나갔습니다.

집에 있으면서 방문을 거절하는 신자도 있었고요. 거절하는 사람이나 거절당하는 사람 모두 기분 좋을 리가 없지요. 거절의 이유는 두 가지인데 즉 마음 정리, 그리고 집안 정리가 안 되었다는 것이에요. 주일을 못 지켰거나 교무금 또는 신립금도 못 냈다고 반장에게 말하기도 했습니다.

가정방문 할 적에 사목자로서 준비사항이 몇 가지가 있습니다.

첫째, '축복기도서'이지요. 새집, 연례 가정방문, 환자 가정처럼 가정의 상황에 따라 기도문을 선택합니다. 둘째, 성수입니다. 기도 후 집안이나 공장, 자동차에 성수를 뿌리고 사람들에게 주님의 축복이 내리기를 기원하지요. 셋째, 가족 상황을 기록한 교적입니다. 자녀가 몇인지, 세례를 받았는지, 성사생활을 하고 있는지 확인합니다. 상담이나 인사를 나누고 집을 나섭니다. 빈집에는 성수만 뿌리고, 거부하는 가정도 문 밖에서 간단히 기도한 후 떠납니다.

축복기도 예화

개인적으로 가끔 신자들에게 축복을 해 주었는데요. 할머니가 머리 아프다고 하면 머리 위에 손을 얹고, 배가 아파도 머리에, 삭신이 쑤신다고 해도 안수기도를 했어요. 후에 어떤 할머니는 개운하다면서 고맙다고 인사했습니다.

축복은 이것만이 아니지요. 가정방문하면서 주로 환자를 위해 기도하지만, 아기 없이 3년, 7년, 10년 된 자매들까지 축복해 주었습니다. 그중에 몇 자매들은 꼭 아기를 낳지요. 처음에는 이상한 일이라고 여겼지만 점차 확신을 갖게 되었어요. 그것은 나중개자와 상관없이 청원한 부인의 신심과 그에 상응한 하느님의 축

천안 봉명동본당 초기 사목 이야기

(1990 - 1995년)

안문기 F.하비에르 신부 씀

차 례

⊙ **추천의 말씀** 조규식 (봉명동 천주교회 주임신부)

복이었습니다.

언젠가 본당에서 배가 부른 몇 자매님들이 눈에 띄었기에 주보에 공개적으로 '해산 전 부인들의 축복식'을 아무 날 미사 중에 하겠다고 공지했는데 다섯 부인들이 신청했어요. 개인적으로는 축복을 했지만, 이 축복예식도 공식적으로 공동체와 더불어 기도하고 축복받을 수 있다는 점을 보여주고 싶었지요.

축복한 후 삼 주가 지나 며칠씩 간격을 두고 세 아이가 태어났습니다. 어쩐 일인지 모두 아들이었어요. 부인과 가족들이 모두 한결같이 좋아했지요. 태어난 아기들은 그 해 예수성탄대축일 낮 미사 전에 유아세례를 받았습니다. 두 아이에게는 엄마들이 하비에르라고 세례명을 지어주었는데, 왜냐고 물었더니 하비에르 신부님이 축복하여 아들을 낳았기 때문이라고 했지요.

얼마 후 축복받은 다른 또 한 부인이 아기를 낳았는데요. "와, 세상에 이럴 수가!" 놀라면서 또 한 번 웃었습니다. 아들, 딸 쌍둥이를 낳았기 때문입니다.

가정의 축복

"집만 한 곳이 없습니다." 자기 집보다 좋은 곳은 없지요. 그래서 집 떠나면 고생이라고 하지요. "사람은 하느님의 작품입니다."에페 2,10 가정은 부부와 자녀로 이루어진 작은 공동체이고요. 창조주 하느님은 사람과 가정공동체를 축복하셨지요. 이곳이 성사와 은총생활의 보금자리이기에 교회는 사목활동 분야에서 가정을 매우 중요하게 여겼습니다. 따라서 가정을 사랑의 공동체라고도 하여 서로 은총의 협력자가 되고 사랑의 증인이 되도록 이끌어 줍니다.

이렇게 그리스도교적 가정은 가정 교회가 되고, 가족들은 스스로 사도직 수행, 하느님 나라 선포에 힘쓰고 이웃과 더불어 축복의 삶을 위하여 봉사합니다.

본당 10대 뉴스

매년 연말 마지막 주일에는 강론시간에 지난 한 해의 본당 10대 뉴스를 발표하고는 했습니다. 1995년 마지막 주일 낮 미사 강론에서 역시 10대 뉴스를 뽑았어요. 그중 세 가지만 요약해 봅니다.

첫째로 우리 봉명동본당 공동체는 지난 2월 쌍용동본당을 분가시켰습니다. 1,700여 명의 신자들이 한 공동체를 이루어 잘 활성화하고 있습니다.

둘째는 지난 5월 성당 입구 주택 매입 등기를 완료하여 4년 전부터 계획한 주차장과 보좌신부 사제관을 모두 마련했습니다. 본당 신자 여러분들의 협조에 진심으로 감사드립니다.

끝으로 제 개인적인 축일 특히 제 은경축 행사[12월 3일: 대림 제1주일]를 성대하게 거행할 수 있도록 도와주신 교우 여러분께 거듭 감사드립니다.

가장 많았던 주일학교 어린이 수

보좌신부의 활동

1990~1995년도 봉명동 주일학교 교사와 학생 수를 대전교구 교세통계표를 보고 살펴보았는데요.

통계표에서 몇 가지 특징을 찾을 수 있었습니다.

① 주일학교 학생 수가 가장 많았던 시기였다.초교생 145~570명, 중학생 100~240명, 고교생 39~157명

② 초등부 학생 수는 1992년570명을 정점으로 매년 감소했다.

③ 중고등부 학생 수중학생 240명, 고등학생 157명는 1995년이 가장 많았다는 점이 특이합니다.

1992년 5월, 6월, 7월 어린이 미사에는 400여 명이 참여했고, 여름 신앙학교에는 310여 명이나 나왔으나 그 후 주일미사에는 어린이가 100여 명씩 줄어든 기록도 있습니다. 또한 1994년7월 구역 반 모임 회보. 7월에 알리는 말씀 참조 6월에는 초등부 미사 363명, 교리 298명, 중고등부 미사 181명, 교리 77명이 참석한 통계도 있지요. 당시 보좌신부님 역할이 컸음을 엿볼 수 있습니다. 이 회보의 알리는 말씀에도 "미사와 교리에 잘 다닐 수 있도록 협조해 주신" 부모님께 감사드린다고 하면서 계속 협조도 당부했습니다.

주일학교의 중요 문제점

당시 전국 실태조사 결과를 보아도 봉명동본당의 현실과 거의 다를 바 없습니다.

첫째, 고학년이 될수록 주일학교 참여율이 저조한데, 이것은 입시제도나 사회적인 여건과 의식의 개혁이 없는 한 개선될 전망이 보이지 않았습니다.

둘째, 주일학교 교사의 자질과 참여의 문제입니다. 대학생이면 다 교사로 위임했습니다.

셋째, 예산의 부족인데 전체 예산의 10% 미만입니다.

넷째, 교육내용의 경직성을 들 수 있습니다. 주일학교 학생들은 전문성 없는 교사들로부터 매주 한 번 좁은 교실에서 교리교육을 받으니 질적인 교육은 기대하기 어렵습니다.

인간 최초의 학교는 가정

'학교는 인간을 못 만든다.School never makes a man'라는 명언이 있는데 학교 교육의 한계를 지적한 말입니다. 오늘날처럼 지식 교육과 기술 교육에만 치중하고 상급학교 입시 교육에 골몰하는 학교 교육으로는 교육의 근본목표인 전인형성全人形成을 할 수 없지요. 자녀를 학교에 보내는 것으로 교육이 끝났다고 생각해서는 안 됩니다. 학교 교육은 교육의 일부에 지나지 않고, 학교 교육보다 더 중요한 것은 가정 교육이지요. '문제 아동이 있는 것이 아니라, 문제 가정이 있다.'는 명언을 우리는 잊지 말아야 합니다.

　범죄와 비행을 저지르는 문제 아동이 어디서 왜 생깁니까? 문제가 있는 가정에서 비행 청소년이 생깁니다. 건전한 가정에서는 절대로 문제 아동이 생기지 않습니다. 문제 가정이 문제 아동의 온상이지요. 결손가정에서 비행 청소년이 많이 나온다는 통계도 있습니다. "한 사람의 훌륭한 어머니는 백 사람의 선생과 맞먹는다."는 말은 과장이 아닙니다. 주일미사, 주일학교, 가정기도, 성서공부에 관심을 보여야 합니다. 믿음 없는 교육은 똑똑한 악마를 만들 뿐입니다.

　봉명동본당에서는 이 시기에 '구역 반 모임' 회보나 공지사항을 통해 가정교육의 중요성을 주지시켰고, 혼인갱신식[147] 부부과 혼인장애 부부의 혼인예식을 거행하여 자녀들과 가족이 함께 성사생활을 할 수 있도록 인도했습니다.

매년 새 영세자 약 300명, 5년 합계 1,644명

교구청 사무처를 통하여 봉명동 주임신부 당시의 새 영세자 수 통계표를 받아보았습니다. '천안 봉명동성당 1990년~1995년 신 영세자 수대전교구 교세통계표'에서 연도별 남녀 어린이 영세자 합계만 보면 다음과 같습니다.

연도	1990	1991	1992	1993	1994	1995
영세자	209	310	295	270	284	276

영세자 통계표를 보고 놀란 것은 저 자신이었습니다. 성사사목에 힘과 노력을 경주하면서 연말이 되면 일 년 동안 세례 받은 신자들 숫자를 주일 강론시간에 자랑스럽게 발표했지만, 당시 5년간의 영세자 수를 합산해 본 일이 없기 때문이지요. 천 단위가 넘어가는 숫자에 우선 놀랐습니다. 신자 1,000명이면 본당을 하나 분리시킬 수 있어요. 봉명동본당은 새 본당 두 곳을 분가시켰지만 전체 신자 수는 많이 줄지 않았다는 말입니다.

실제로 1995년 말 본당 '신자 증감 현황' 기록이 있어서 비교할 수 있게 되었습니다. 전년 말 신자 총합계 숫자는 4,076명이었고, 1995년 말 '교적상 신자수'가 3,174명으로 902명이 줄었습니다. 1995년 2월 17일 쌍용동성당으로 331세대 1,009명의 신자들을 분가시켰는데, 새 영세자들[276명]로 인해 3분의 1은 되찾은 셈입니다. 한 마디로 5년간 본당 둘을 새로 분가시키고 새 영세자 1,500명 이상 배출했다는 사실은 스스로 대견하고 진정 기쁜 일이 아닐 수 없습니다.

구역 반 모임의 활성화와 어린이 세례 강조

선교운동을 벌여 200명의 예비신자 모집도 어려운 실정인데, 매년 200명 이상의 새 영세자를 낸다는 것은 전 공동체가 힘을 합친 결과라고 할 수 있지요. 구역 반 모임이 활성화하기 시작한 것은 1991년부터인데요. 성당에 모여 주일미사, 성사거행, 구역 반장 모임, 신심단체 활동 등을 통해 모두 기도하고, 세상에 나가 복음을 전하는 마음의 준비를 했습니다.

예비신자 교리도 편리한 시간에 참석하도록 힘썼습니다. 당시 봉명동성당 예비신자 교리시간표^{봉명주보 1994. 8. 14}를 보면 신부·수녀를 총동원하여 여덟 개 예비자 교리반과 성서연구반이 편성되어 있었습니다.

최근의 '어린이 세례'란 말 대신 예전에는 '유아세례'란 용어를 사용했습니다. 부모들이 아기를 낳고도 세례 받을 생각을 안 했어요. 그래서 본당에서는 7세 이하 어린이 세례를 강조하고 매월 한 번 날짜를 정하여 세례를 받도록 공지했지요. 성당에 안 나오던 아기엄마들까지도 어린이 세례를 받은 후에는 기꺼이 주일미사에 참여했습니다. 1993년과 1995년 말 새 어린이 세례자는 각각 98명씩이나 되었습니다.

어른과 유아세례, 첫영성체 어린이들 중 세례자를 합쳐 계산한 결과 연말까지^{1991년} 310명의 새 신자들을 맞아 봉헌했고, 그 후에도 매년 270명 이상의 새 영세자들을 배출했습니다.

견진성사자 3년 합계 1,113명

연도	1992	1993	1994
견진성사	516	289	308

대전교구 교세 통계표

앞 통계표에서 눈에 띄는 것은 1992년 3월 1일 오후 3시에 견진성사 받은 신자가 516명이란 사실입니다. 그동안 대전교구에서 하루 한 번에 이런 숫자의 견진자를 배출한 본당이 없는 것으로 알고 있습니다.

물론 세례 받은 많은 신자가 견진성사를 받았다는 숫자도 의미가 있지만, 더욱 중요한 것은 숫자보다는 교리교육과 성숙한 신앙 관리이지요. 따라서 어떻게 준비를 시켰는지 살펴볼 만합니다. '견진성사 준비사항'과 교리교재 그리고 견진 소감문 작성 등을 통해 이해할 수 있습니다.

새해를 맞으면 대전교구청에서 「사목지침서」를 발간합니다. 그 안에 교구장의 사목교서와 교구 각국의 일 년간 사목계획 및 주요시책, 그리고 교육과 피정 행사를 기술합니다. 본당의 관심사는 견진, 사목방문, 교구감사 일정이지요. 해당 날짜에 맞게 준비해야 하기 때문입니다. 이 일정은 본당과 상의하지 않고 교구청에서 일방적으로 계획을 세워 통보합니다. 「사목지침서」를 받고 보니 1992년 3월 1일이 봉명동성당 견진성사일로 기록되어 두 달밖에 남지 않았습니다.

당시 매년 연초 주일에 본당 자체의 신년 계획을 발표하곤 했는데, 첫째는 견진교리 대상자 찾기 1,000명을 잡았습니다. 교적상 3,500여 명 신자 중 견진성사 미수자가 3분의 1 이상이었습니다. 교우 전체가 관심을 갖도록 하기 위해 피정과 특강의 기회도 마련했지요. 주일마다 공지하고 각 구역 반장에게 견진 대상자 명단을 만들어 주어, 모두 견진교리 반에 참석하도록 했습니다. 당시 봉명주보[1992. 2. 1.]를 보면 '견진성사 준비사항'이 자세하게 나와 있습니다.

견진성사 대상자들에게 보낸 편지

교적상 견진성사 대상자들을 찾아 약 천 명에게 봉명동 주임신부 명의로 다음과 같은 내용의 편지를 발송했습니다. 그 내용을 그대로 옮겨봅니다. 견진성사 신청자는 600명이 넘었는데 막상 견진성사 날에는 516명만 나왔습니다. 숫자가 많으니까 예식이 길 수밖에 없었지요. 당시 경 주교님의 강론 말씀도 좀 긴 편이지만 쩌렁쩌렁 울리는 목소리로 신자들의 마음에 감동을 주었으니, 피곤한 하루였지만 훌륭한 축제일이었습니다.

찾을수록 늘어나는 견진 대상자

본당에서 견진성사는 대개 2년에 한 번 배당됩니다. 그러나 봉명동은 견진성사 후에도 대상자가 500여 명 남았어요. 그래서 교구청에 다시 다음 해 견진 일정을 신청했습니다. 교리 방식과 내용은 똑같았지요. 즉 '견진성사 준비 교리교육'에 관하여 매주 공지하고, 구역 반장 회합에서 명단을 나누어 주며 인도하도록 협조를 당부했습니다.

찬미 예수님!

_____ 님께

새해를 맞아 주님의 풍성한 은총을 받으시길 빕니다.
오는 3월 1일 주교님이 오셔서 견진성사를 집전하십니다.
그래서 매주 수요일 오전 10시와 오후 7시 30분에
견진교리를 실시하고 있습니다.
설 연휴를 빼고 앞으로 다섯 번 남았습니다.
수요일 오전이나 오후 한 번만 참석하시면 됩니다.
영세한 지 얼마 안 되신 분, 3월 1일에 출타하시는 분,
수요 교리는 시간이 안 맞아 못 오시는 분,
그 밖의 개인 사정이 있으신 분도 저에게 연락을 주시면
방법을 알려드리겠습니다. 주저하지 마시고 문제가 있으면
전화 주시기 바랍니다. 거듭 주님의 은총과 평화를 빕니다.

봉명동 천주교회 주임신부 안문기(F.하비에르) ☎ _____

1993년에는 7월 4일 오후 4시로 일정이 잡혀 있어서 5월 12일
부터 6월 말까지 전과 동일하게 매주 한 번 참여하도록 공지했습
니다. 결과는 289명 신자들이 견진성사를 받았습니다. 그래도 견
진 대상자가 500명 가까이 남아 있었습니다.

실상 봉명동 신자 3,000여 명 중 절반 이상이 2, 3년 내의 전입자들이고, 대인 영세자 총수에 비하여 51%만이 견진성사를 받았습니다. 이는 전국적인 현상이었고 따라서 견진성사 사목에 고려할 부분이 많다는 증거였지요.

어쨌든 봉명동본당은 1994년에도 교구청에 견진 일정을 신청했고, 견진 일시는 1994년 10월 9일 오후 3시로 정해졌습니다. 역시 전과 똑같은 방법과 내용으로 교리교육을 하고 견진성사를 준비했지요. 이제 구역 반장도 이력이 났고, 견진성사에 관하여 모두 박사들이 된 듯 전보다 순조롭게 진행되어 결과도 전년도보다 많은 308명의 견진자들을 배출했습니다.

봉명동 견진성사를 통해 얻은 교훈

교회 공동체의 견진성사는 다음 세 가지 특성으로 요약할 수 있습니다.

첫째, 세례 받은 신자들을 위한 재교육의 기회로, 사도들처럼 성령을 받아야 하는데 바로 견진성사를 통해 다음과 같은 성령의 은총을 받게 됩니다. 이를 성령 칠은聖靈 七恩이라고 말합니다. 즉 지혜슬기, 통찰깨달음, 의견일깨움, 용기굳셈, 지식앎, 공경받듦, 경외심두려워함 이지요. 이런 은혜는 반그리스도적 사조에 대항하고, 세상의 불의와 싸워 승리하며, 하느님 나라 건설을 위해 주어지는 은사들입니다.

둘째, 견진자에게 영성적 변화를 줍니다. 견진성사는 아버지 하느님과의 관계를 심화시켜 주고, 그리스도와 더욱 강한 일치를 이루며, 성령을 통하여 신앙의 씨앗이 열매 맺도록 이끌어 주지요. 그 열매는 "사랑·기쁨·평화·인내·친절·선행·진실·온유·절제"갈라 5, 22-23입니다.

셋째, 본당 공동체의 활성화를 들 수 있습니다. 실제로 본당은 교적을 통해 견진 대상자 명단을 작성하고 주임신부 독려 아래 전 신자가 견진 대상자와 쉬는 신자 찾기에 나섭니다. 특히 구역장·반장을 주축으로 여성구역회가 주도적 역할을 하지만 결코 쉽지 않은 일입니다. 쉬던 신자들이 견진 교육을 받으면서 냉담을 풀고 다시 주님 사랑과 은총을 배우게 되어 기쁘다는 말을 들을 때 큰 힘을 얻기도 했습니다.

성대한 견진성사의 축복은 공동체의 피나는 노력에 달려 있지요. 이러한 성당의 견진성사 날은 바로 본당 공동체의 성령강림 대축일이었습니다.

결실과 보람

하늘 아래 가장 편안한 곳 봉명동성당에서 어느 날 30여 세 된 젊은이가 찾아와 상담 고해성사를 청해서 십중팔구 차비가 없으니 도와달라며 반구걸, 반위협을 일삼는 사람일 것이라고 생각했습니다.

안 신부 : 어떻게 오셨습니까?

젊은이 : 신부님을 뵙고 싶습니다.

안 신부 : 어디서 오셨지요?

젊은이 : 서울에서 왔습니다.

안 신부 : 신자입니까?

젊은이 : 예, 어려서 열심히 다녔지만 발을 끊은 지 20년이나
　　　　되었습니다.

안 신부 : 왜 가까운 교회로 가지 않았습니까?

젊은이 : 저는 지금 고향인 충주를 다녀오는 길입니다.

안 신부 : 그럼, 앉아서 말씀하십시오.

젊은이 : 저는 중죄인입니다. 회개하기 위해 제 마음에 와 닿는
　　　　지명으로 하늘ㅈ이 붙은 곳을 찾기로 했습니다. 언뜻
　　　　천안과 순천이 생각났습니다. 순천은 너무 멀고 천안
　　　　은 가까운 동시에 안 신부님의 글을 교회 잡지에서 읽
　　　　었습니다. 그래서 이곳에 왔습니다.

　그 젊은이는 주머니에서 뜯어낸 공책 장을 꺼내 기록해 놓은
죄를 읽기 시작했습니다. 불량 청소년들이 흔히 저지르는 온갖
못된 행동들이 다 들어 있었는데 요약하자면 사기, 절도, 희롱,
위협, 강간 등의 범죄 행위로 잡혀 구속되었고 얼마 후 집행유
예로 풀려 나왔다고 했습니다. 고해를 마친 후 젊은이는 적지만

속죄의 대가이니 교회의 복지사업에 사용하라면서 10만 원짜리 수표 한 장과 점심 값이라면서 2만 원을 더 내놓았어요. 이게 또 무슨 술수는 아닌가 생각하며 되돌려 주었지만 끝내 받지 않았지요. 수표를 받아 든 내 손이 도리어 떨렸습니다.

다시 회상한 고향

2년 이상 이곳에 살면서도 천안이 내 고장이라고 생각하지 않고, 몇 년 후 다른 곳으로 이동될 때까지 일시적으로 머무는 장소로만 여겼지요. 그런데 젊은이가 찾아온 후에야 잊었던 천안을 다시 찾았습니다. 내가 사는 곳이 천안이지요. 젊은이는 천안에 와서 잃었던 하늘을 찾았지만 나는 그의 덕에 고향을 깨달았습니다. "이곳이 바로 하늘이 준 내 땅이구나, '天'자가 들어있지 않은 곳이라도 좋아요. 2년이든 10년이든 내가 사는 곳, 내가 머무는 곳이 천혜의 땅입니다." 평화신문 1993. 1. '사목단상'에 게재

봉명동과 천안을 다시 회상할 기회를 갖게 된 것이 참으로 기쁩니다. 나의 옛 형제자매를 다시 찾은 기분입니다. 내 친구가 있는 곳이 고향이지요. 당시 주임신부님께도 감사드리고 싶었습니다. '봉명동성당'하면 떠오르는 생각들이 많아요. 성사 사목을 가장 효과적으로 전개한 본당이지요. 그 결과 성당을 분리하여 새 공동체에 활력을 불어넣었고, 개인적으로도 은혜로운 시기였습니다. 사제서품 25주년 행사를 성대하게 거행했고『계절과 축제』

책도 발간하여 출판기념회도 열었습니다. 천안과 교회 공동체가 발전하는 모습을 보면서 마음도 더 깊고 넓게 성숙해졌습니다.

신자들의 영성적 변화와 사제의 정체성

봉명동본당에서 제 전성기의 사목활동에 관해 말씀드렸는데, 한 마디로 세례성사와 견진성사의 사목 성과를 보고 자축하면서 '사제의 영과 함께' 한 기간이었습니다.

5년간 본당 둘을 새로 분가시키고 새 영세자 1,500명 이상과 3년 연속 견진성사자 합계 1,113명을 배출했다는 사실은 대견하고 진정 기쁜 일이 아닐 수 없습니다. 물론 사목위원, 구역 반장, 각 신심단체장의 정기적인 교육을 통해 쉬고 있는 교우들과 새로운 예비자들을 인도하는 데 힘쓴 결과이기도 합니다. 그들의 영성적 변화는 사제의 정체성을 확인시켜 줍니다.

사제가 사목 현장에서 보람과 행복을 느끼고, 잊지 못할 본당이었다는 점에서 이 모든 일을 섭리해 주신 주님께 감사드릴 뿐입니다.

5) 대전 도마동본당 복음의 말씀으로 새로워짐

소공동체 중심으로 변화

도마동성당에 「카페 매니저」라는 청년회 간행물이 있었는데, 거기에 이런 글이 실려 있었어요. 제목은 '제5대 안문기 F.하비에르 신부님 시절'¹⁹⁹⁶. ². ¹ - ¹⁹⁹⁹. ². ³이었습니다.

> "특징 : 본당의 체계는 소공동체 중심으로 변화가 있었는데 소공동체와 함께 '말씀과 함께하는 본당'으로 전환하는 계기로 요한 복음과 마르코 복음에 대한 신자 재교육을 본당신부가 직접 담당함으로써 신자들이 말씀의 중요성을 깨닫는 계기가 되었다. 1998년 성당 마당의 잔디를 제거하고 아스콘으로 포장하여 부족한 주차 공간을 해결하였다."

앞에서 표현한 대로 도마동성당에 부임하면서 제일 먼저 손을 댄 것이 구역 반모임이었습니다. 모임이 수월하도록 구역 반을 재조정하고 구역장 반장을 새로 임명한 후 매월 한 번씩 성당에 모여 교육을 받도록 했습니다.

봉명동 사목에서 사용한 구역 반모임 교재와 교육방법을 그대로 따르면서 본당신부·보좌신부·본당수녀 모두 각자의 계획에 따라 활동했지요. 모임이 재미있도록 분위기를 조성하고 가정방문 축복도 계속했습니다.

성경공부와 특강

성경공부 모임은 3개월 정도 매주 목요일 오전 10시와 저녁미사 후에 가졌고, 1998년 사순시기에는 사순 특강을 실시했지요. 사순시기 신자생활, 영광스런 변모, 시련의 극복과 보람 있는 삶 등을 주제로 내걸고 신부들이 나섰어요.

11월에는 ME 부부가 혼인갱신식 특강을 실시했습니다. 5월을 본당 '예비신자 확보의 달'로 정하여 성모님께 기도하고 각 구역·반·프레시디움 별로 예비신자^{신자 1인 1예비신자}를 인도하도록 했지요. 성모의 밤 행사, 유등천 본당의 날 행사도 5월에 했습니다.

1998년 사목 활동 보고 자료에서 중요한 사항을 엿볼 수 있습니다. 1997년 세례성사^{성인 91명. 유아 47명} 138명, 1998년에는^{성인 51. 유아 43} 94명으로 2년 합계 232명이 세례성사를 받았습니다. 1996년 자료는 대전교구 교세통계표에서 영세자 수가 241명이었고, 당시 총 신자수는 2,666명이었습니다.

한 마디로 3년 동안 473명의 새 신자를 확보했고, 전출자를 빼면 1998년 말 도마동성당 총 신자 수는 2,876명이었습니다.

6) 대전 성남동본당 쇄신과 기도의 은혜로 전망이 밝은 사목구

나날이 새롭게 거듭나야

교회는 하느님께서 파견하신 예수 그리스도를 통하여 세워진 거룩한 신자 조직입니다. 그럼에도 불구하고 교회의 구성원인 하느님의 백성은 저마다 인간적인 약점과 한계성을 지니고 있어서, 교회는 신자들의 공동체이면서도 동시에 죄인들의 공동체임을 고백하지 않을 수 없지요.

역사는 시간의 변화를 겪은 과거의 사건일 뿐만 아니라, '현재의 거울'이 되는 것입니다. 성남동 천주교회도 보편교회[Catholic]의 한 단위 교회로서 거룩함[聖]과 완전성을 추구하는 과정에서 훌륭하게 발전할 수도 있고 세속과 물질주의 사고방식에 젖어 후대에 악영향을 줄 수도 있지요.

이 양면을 다 살펴보는 것이 진정한 역사이고 '현재와 과거와의 대화'[E. H. Carr]라 하겠습니다. 그러므로 '역사적인 교회'는 끊임없이 하느님의 거룩하고도 완전한 뜻을 따라 부단히 '영성의 쇄신'[제2차 바티칸 공의회 개막 메시지]을 기대하고, 나날이 새롭게 거듭나지 않고서는 참된 모습을 전승할 수 없습니다.

본당 공동화의 시기

전임 박수범 아우구스티노 신부[1993. 8. 10 – 1999. 2. 3]가 부임한 시기는

둔산 신시가지 조성으로 중구와 동구지역 시민들이 전출하여 이
지역 공동화가 시작되었습니다.

본당 신자들 중에서도 점차 전출자가 늘었어요. 1993년 말 성
남동 신자수 총계는 2,608명이었는데 1995년 10월에는 2,548명으
로 줄었습니다. 1999년 말에는 2,308명이었는데 실제는 교적 정
리 미비로 더 많은 신자가 전출한 것으로 보입니다.

제8대 안문기 신부[1999. 2. 4]가 부임하여 본당 신자수 파악에 부심
했는데, 그 이유는 구역 반모임에서 교적상의 신자수와 실제 거
주자 수가 현격한 차이를 보였기 때문이지요. 연도별 신자수 감
소 추이를 보면 다음과 같습니다.

연도	2000. 5	2000. 12	2001. 7	2001. 12	2002. 12
영세자	1,819	1,644	1,597	1,538	1,501

세례자 수도 급격하게 줄었고, 신자수 감소는 본당 재정에도
큰 영향을 주었습니다. 1998년 말 교구에 납부해야 할 교납금
천만 원이 빚으로 남았는데, IMF를 당하면서 신자들 교무금도
못 올리고 그 빚은 2년간의 활동비 절제 생활을 통하여 갚을 수
있었습니다.

성남 신협의 성쇠

1975년 3월 30일, 조합원 57명으로 창립된 성남동 신용협동조합은 조합원 수와 자산이 점차 늘어 1985년에는 조합원 601명, 직원 2명, 자산 1억 5천만 원이었는데, 1993년에 자산 50억, 1995년에는 자산 100억을 달성할 정도로 성장했습니다.

자산이 늘어나는 과정에서 임직원의 단합과 자질이 향상되어야 하는데 도리어 부정과 불성실한 금전 처리로 불협화음이 커졌지요. 적절한 대출 심사도 없이 전무나 이사장의 결재로 대출금액이 커졌으며, 판공비나 소비 지출이 늘었습니다. 1999년 직원의 횡령사고[7역]로 이후 순 손실조합이 되었고, 결국 2002년 11월 4일에 퇴출되고 말았습니다.

성모유치원 증축

이 지역사회의 어린이들 교육을 위해 1979년 3월 1일 설립한 성가유치원은 1987년에 폐원되었습니다. 같은 해 3월 3일 문창동 본당의 성가유치원을 성남동 본당으로 이전하여 대전교구 천주교 유지재단 부설 성가유치원으로 인가받아 다시 개원해서, 8월 12일 성모유치원으로 원명을 변경했습니다.

일 년 후 3학급으로 증설하고, 2000년에 4학급, 2003년에는 6학급으로 증설 인가를 받았지요. 학급 증설에 따라 교실 부족으로 2002년에 운동장 옆 기존 조립식 74평 단층 건물을 철거하고

187평 2층 건물을 지어 유치원의 면모를 쇄신했습니다. 원아의 종교별 구분을 보면 180명 중 천주교 신자가 가장 많았습니다.

성서쓰기와 묵주기도 100만단 바치기 운동

2000년 5월 17일 견진성사 113명 수령 준비로 2개월 전부터 전 신자들이 함께 루카 복음과 사도행전 쓰기 운동을 전개했는데, 매 주일과 수요일에 한 시간씩 성서 해설을 한 후 과제물을 제시하고 성서를 쓴 신자들 공책에 사인을 해 주었습니다. 9월에는 마태오 복음, 이어서 마르코, 요한 복음, 신약성서 순으로 성서쓰기는 2001년까지 계속되었습니다.

2002년 교황님의 '묵주기도의 해' 선포에 부응하여 성남동본당 모든 신자들은 연말까지 묵주기도 100만단 바치기 운동을 계획하고 실시했습니다. 공동 지향은 세계 평화, 특히 남북한의 화해와 성남동본당 예비신자 배가를 위한 것이었지요. 또한 성당에서도 미사 전후에 묵주기도 한 단씩 바치도록 했습니다. 기도의 은혜로 방문 선교단을 조직하고 파견했는데, 예비신자 확보를 위한 공동 노력의 취지로 구역 반장과 협조하면서 본당구역 내 모든 가정을 방문했습니다.

본당 공동체의 상황과 전망

1. 지역적 공동화로 본당 신자들도 노령, 빈곤, 무기력 층의 증가.

2. 급증하는 전출자의 교적 정리 필요.

3. 소공동체 모임을 재정비.

4. 신자들 교무금 신립과 납부액의 저조 현상.

5. 성남신협 퇴출로 임직원과 예금자들 상호불신의 골이 깊어졌고 지역사회에서 성당 이미지까지 나빠져서 예비신자 확보의 어려움.

6. 본당 공동체의 절제 운동에 많은 신자들이 동참하고 교무금 신립도 점차 증가.

7. 본당 구역 내에 들어서기 시작한 아파트 단지로 점차 활기찬 공동체 형성 가능.

7) 당진 신합덕본당 보편교회와의 일치

순교자 믿음 본받아

"어디서 오셨나요?"

"성지에서 왔습니다."

"아! 어느 성지이지요?"

"솔뫼 성지입니다."

신합덕성당의 위치가 어디인지 몰라도 솔뫼 성지를 모르는 사람은 없지요. 2004년 2월 12일 제8대 주임신부로 부임한 후 첫해에는 미사 강론에서 자주 우리 신자들이 솔뫼 성지 출신임을 강조했습니다. 성지 담당신부가 따로 파견되어 업무를 관장하고 있기에 신자들이 솔뫼 성지와 신합덕본당과는 무관한 것으로 생각했습니다. 따라서 신자들은 순교자의 후손임을 잊고 성인들의 전구로 이 지역에 평화와 은총이 충만한 사실을 모른 채 살고 있었지요. 특히 10개나 되는 공소 신자들은 본당과도 멀고 성지와는 별개의 지역으로 여기고 있었기 때문에 성지 출신임을 더욱 강조했습니다.

"신합덕성당에 속한 전 지역은 다른 지방과는 달리 매년 태풍, 가뭄, 홍수의 피해가 적습니다. 따라서 가을이 오면 거의 매년 풍성한 수확을 거두었는데, 이 모두가 누구의 은혜인지 압니까?" 신자들은 대답이 없어요. "김대건 신부님 덕택입니다."를 함께 소리 내어 반복하게 했지요. 이 지역 출신 성인이나 사시던 성인들의 전구에 힘입어 주님의 은총 속에서 풍년을 맞았던 게 사실이지요. 물론 신자들에게는 풍년보다 신앙심이 더 중요합니다. 환난과 시련이 올 때에도 굳은 신앙심은 더더욱 비교할 수 없을 만큼 값지기 때문에 순교신심을 강조한 것입니다.

실상 본당 관할 구역 안에 솔뫼가 있고 또한 초기 1, 2대 주임신부가 솔뫼 성역화 사업을 본격적으로 착수했지요. 그리고 처음부터 본당 주보로 성 김대건 안드레아 성인을 선정했고, 현재의 성당이 1967년 준공되어 성당 축성식을 거행할 때 당시 황민성 주교님은 버그네성당^{당시 성당 이름}을 복자성당으로 명명했지요. 이렇게 신합덕 공동체는 지역적으로 순교자 성인들의 정신을 이어받았고, 또한 당진군 복음전파에 중심 역할을 했습니다.

교구장의 사목 지표 '복음적인 가정공동체'

1970년대는 신합덕성당의 전성기였지만 사회구조의 급속한 변화에 따라 이농현상으로 농촌인구 감소는 바로 신자수 감소로 직결되었지요. 새로 세례 받은 숫자만큼, 아니 그보다 더 많은 신자가 교적을 옮겨갔습니다.

2004년 본당신부로 부임할 때도 상황은 나아지지 않았지요. 그러나 본당신부 발령은 바로 사목활동이 그 과제인데 똑같은 결과가 되풀이되더라도 복음전파는 계속되어야 했습니다. 당시 교구장의 사목 지표도 '복음적인 가정공동체'였습니다.

"말씀을 선포하십시오. 기회가 좋든지 나쁘든지 꾸준히 계속하십시오."^{2티모 4,2} 성 바오로의 말씀을 되새기면서 모든 방법을 동원하여 복음을 전하려 했습니다. 공소나 개인 집에서라도 예비신자 10명만 모을 수 있다면 출장 교리를 하겠다고 공지했지요.

우선 순성공소가 이 뜻을 받아들였고, 공소 강당이 생기기 전이라 개인 집에서 예비신자들이 모였습니다. 수녀님을 파견하여 교리과정을 마쳤고 성당에서 준비한 사람들과 함께 세례식이 끝나면 또 다른 예비신자들을 모아 계속했습니다.

내경리 반장도 예비신자 10명 가까이 모았고, 한 예비신자가 자기 집에 교리장소까지 제공해 주어서 출장교리를 실시하여 세례를 받도록 했습니다. 5년간 세례 받은 신자들은 어린이까지 약 350명, 혼인^{관면혼} 76쌍, 견진성사 332명이었어요. 이 모든 결과는 신합덕 공동체 형제·자매의 믿음과 선교 열의의 결과였습니다.

성당 지붕 금속기와 2,000장은 기도와 정성의 산물

첫 번째 당면 과제가 성당 지붕 교체였습니다. 함석지붕이라 몇 년마다 페인트칠을 해야 했지요. 마침 당진성당에서 지붕을 금속기와로 대체했다는 소식을 듣고 여럿이 현장을 답사하여 견본을 가져왔습니다.

금속 기와지붕은 기술적, 경제적, 외관상으로 좋은 평을 받던 터라 이 기와를 올리면 다시 페인트칠이 필요 없고 수명은 30년 이상이라고 했습니다. 기와의 크기는 가로 130cm 세로 40cm였는데 성당 지붕 위에 약 1,900개가 필요하고, 가격은 기와 한 장에 2만 원 정도였지요. 겨울에는 따뜻하고 여름에는 시원하도록 기와 밑에 보온 재료를 넣어서 총공사비는 3,700만 원을 예상했습니다. 한 장의 기와라도 봉헌하도록 공지하고 성명과 청원기도까지 기록하도록 했고, 성당 지붕을 바라보며 다음과 같이 외치자고 했습니다.

"하늘 높은 데서는 하느님께 영광,

땅에서는 주님께서 사랑하시는 우리 가족, 공동체에 평화!"

놀라운 결과가 현실로 나타났습니다. 정말 기적 같은 일이었지요. 지붕 공사를 시작한 지 한 달도 안 되어 신립액이 거의 목표액에 도달해서 감사의 눈물이 핑 돌았습니다. 공사가 마무리된 다음 본당 발행의 출판물^{화보집}「버그네, 32쪽」에 다음과 같은 감사의 말씀을 드렸습니다.

"성당이 달라졌습니다."

"몰라보게 바뀌었습니다."

우리 본당 신자들이 누구나 한 마디씩 하시는 말씀입니다. 성당 외부 전체가 깨끗하고 밝게 변모할 수 있도록 협조해 주신 교형자매 여러분께 우선 진심으로 감사드립니다. 제 생각으로는 성당이 달라진 것이 아니라 우리 본당 교우들의 마음과 정성이 달라졌습니다. 작은 정성이 큰일을 해냈습니다.

교형, 자매 여러분! 감사합니다. 성당 외부의 모습이 바뀌었으니 이제 내부의 모습, 우리의 마음과 정신, 영혼이 하느님을 닮도록 작업을 해야 하겠습니다. 주님께서 우리에게 보여 주신 것은 바로 하늘나라입니다. 주님은 우리와 함께 계십니다. 우리 모두 저 높은 곳, 하늘나라를 향하여 살아갑시다.

열 곳의 공소 공동체

본당에 처음 부임해서 놀랐던 일은 바로, 공소가 40여 년간 두 곳을 제외하고는 전부 다 그대로 유지되어 온 사실이었지요. 그래서 앞으로 어떻게 사목할 것인지 고민하지 않을 수 없었습니다.

산업화와 도시화의 직접적인 영향을 받은 이농현상으로 인해 특히 공소에 신자가 없었습니다. 10여 명 신자밖에 없는 공소에 강당은 낡아가는 상황이고 특히 회장이나 지도할 만한 신자가 별로 없었습니다. 이런 여러 난관에도 불구하고 본당 공동체를 구성하는 세포조직이 공소 공동체라고 확신하면서 기왕 존재하는 공소 구역과 강당을 살리도록 방향을 잡았습니다.

10개의 공소 중에서 매월 한 번 토요일 저녁이나 주일 저녁에 미사 집전을 위해 방문하는 공소는 6개, 매월 격주로 나가는 공소는 순성 한 곳이었고, 나머지 3개 공소에서는 일 년에 두 번 신자들이 모여 판공성사와 더불어 미사를 봉헌했습니다. 물론 판공성사는 모든 공소에서 실시했고, 판공성사 때는 공소의 신자들 대부분이 참여했습니다.

일부 쉬는 신자가 있었지만 전반적으로 가까운 본당 구역보다 훨씬 많이 모였고, 단합도 잘 되고 교무금도 모두 냈습니다.

공소는 농촌 생활의 현장이요 센터

공소를 모두 폐쇄하고 성당 주일미사에 자동차를 이용해 참여시킬 수도 있었습니다. 그러나 공소라는 소공동체가 해체된다면 점차 친밀감이나 지역 유대 의식조차 사라질 것이 뻔했습니다. 다 아는 바와 같이 소공동체는 삶의 현장에서 모이고 활동을 합니다. 삶의 현장을 기초로 하기에 '기초 공동체'란 말을 쓰기도 했습니다. 교회의 기초인 평신도들이 주인의식을 갖도록 하는 것이 바로 소공동체의 목표이기 때문에 본당 공동체는 요즘 대대적으로 권장하는 소공동체의 모형인 공소 공동체를 적극적으로 지원하고 교육해야 할 것입니다.

순성공소는 순성본당으로 승격

순성구역 신자들의 열성과 이 지역 선교의 중요성을 감안하여, 가정방문을 하면서 쉬는 교우들을 찾아보고 출장 교리반을 개설했지요. 또한 신자들의 일치와 소공동체의 발전을 위해 봉소 1, 2구역과 면천 구역까지 합하여 '순성공소'라는 명칭으로 새 공소를 설립했습니다.^{2005. 11.}

공소가 설립된 후 30여 평 규모의 공간을 임대해 사용하며 전례 기도와 단체 활동을 하던 신자들은 한 독지가의 도움으로 대지를 기증받아 2007년 9월 공소 신축에 들어갔습니다. 4개월여 만에 완공된 공소^{198.348㎡}의 본 건물과 사제관 및 다용도실 건물^{99.174㎡} 등 두 개 동을 조립식으로 지었고, 신축 공소 강당 축복식은 교구장 유흥식 주교 주례로 거행되었습니다.^{2008. 1. 14.}

강당 축복식을 마치고 모인 신자들에게 다음과 같은 당부를 했습니다. "순성공소 모든 신자들은 이 영광스런 행사를 계기로, 앞으로 본당으로서의 면모를 갖출 수 있을 때까지 더욱 열심히 선교에 열의를 다하여 하느님을 모르는 많은 지역 주민들을 주님께로 인도해야 할 것입니다. 감사합니다."

대전교구 당진 순성본당은 2015년 1월 신합덕본당에서 분리되어 면천, 순성, 아찬, 중방공소 등 4개 공소를 묶어 본당으로 승격되었고, 이어서 2017년 성당 건물도 완공되었습니다.

은퇴 감사 미사

2009년 1월 11일 주일 오후, 동창 신부들과 대전교구 사제단, 수도자들과 600여 명의 교우들이 참석한 가운데 미사와 송별식이 있었습니다. 39년간의 공적인 사제 직무를 되돌아보고 조용히 사제생활을 다시 정리하라는 명령이 아닌지 묵상해 보았습니다.

한 동창 신부는 "학생 때부터 학구적으로 탐구하고, 언제나 성실히 노력하며 공부하고 사목을 하는 자세였습니다."라고 축사를 했습니다. 그러나 머리가 명석하지도 투철하지도 재빠르지도 못한 사람, 한마디로 변변치 못한 사람이었습니다.

사목회장님은 이렇게 말씀하셨지요. "39년 동안, 아니 평생 동안 사제로서 성무 집행을 성공적으로, 아주 훌륭하게 마무리하고 떠나시기에 저희들은 신부님의 영광스러운 은퇴를 진심으로 축하드립니다."라고요. 역시 한마디로 부당한 말씀입니다.

내면의 영과 함께

제1장에서 설명한 바와 같이 "사제의 영과 함께" 사제 직무를 수행하였는데, 'Spiritus'는 사제의 영혼이 아니라 그가 서품식 때 받은 성령과 그 성령께서 주시는 직무수행의 은사를 가리키는 것이지요. 주님의 뜻에 따라, 즉 은총으로 받은 영을 통해 특별하고 초월적인 방식으로 자신의 직무를 수행한 것입니다.

『황혼의 미학』 저자 안셀름 그륀 신부님이 이렇게 말씀하셨습니다. "노년이란 자기 내면으로 돌아가서 자기를 성숙하게 하는 중요한 시기이다. 죽음을 자기완성으로 보고 노년기의 나이 드는 기술을 습득하며 나아가야 한다."

저의 관심은 이제 나 개인에서 새로운 우리 공동체를 찾아내어 확장시키고, 그 다음에는 현세를 넘어 영적인 세계로 넓힐 수 있는 영과 함께 사는 것입니다.

5. 지혜의 샘에서

평생교육, 신문대학원, 독일 사목생활, 사회복지 대학원

평생교육

「사제생활 지침서」

제4장에서 대전교구 시노드 최종문헌에 드러난 사제와 평신
도 모두의 지속적인 교육과 양성에 대한 말씀을 나누었습니다.
2004년에 만든 「대전교구 사목 지침서」를 보완하여 곧 완성될 새
지침서가 나오면 교구 사목과 사제생활의 기본 규정이 되겠지
요. 그리고 좀 더 구체적인 내용 즉 미사 예물, 원로 사목자의 생
활, 사제 연수와 피정 등은 따로 정리하여 「사제생활 지침서」를
만든다고 밝혔습니다.

　시노드는 사제들 자신의 신원과 구체적인 삶에 대해 살핀 바
있습니다. 사제의 영성 생활, 신자들과의 관계와 여성 신자들과
의 관계, 피정, 연수, 취미생활과 휴가 등 사제들이 나눈 대화의
모든 것이 종합될 것입니다.

'평생교육'이 아니라 '지속 양성'

「한국 사제 양성 지침」개정판에서는「사제 성소의 선물」에 근거해 사제 양성 과정을 크게 '초기 양성'과 '지속 양성'으로 나누었는데요. 그동안 '평생교육'이라고 표현해 오던 여정을 '지속 양성'으로 바꾸었지요. "평생교육이라는 표현은 그 자체로 사제들을 수동적으로 이끌 수 있고, 사제들이 피교육자로서 또 다른 부담감을 느끼게도 한다."면서 개정판에서는 "신학생과 사제 스스로 능동적으로 양성에 나서야 하는 주체라는 점을 강조하고 있다."고 설명했습니다. 양성은 누군가가 시켜주는 것만이 아니라 스스로 능동적으로 실천해야 할 부분이기도 하다는 말입니다.

사제의 계속 교육에서 교육은 다음과 같습니다.

- 인간적인 측면 : 사제가 사람들과 더 깊이 교감할 수 있도록 도와줌.
- 영성적인 측면 : 새로운 복음화를 위해 복음을 더욱 근본적으로 받아들일 수 있도록 도와줌.
- 지적인 측면 : 현대사회 안에서 그리스도교의 진리를 더욱 효과적으로 전달하도록 도와줌.
- 사목적인 측면 : 더욱 착한 목자가 되도록 도와줌.

사제의 계속 교육에서는 위의 4가지 교육이 체계적으로 또 지속적으로 이루어져야 한다는 것입니다.

성 요한 바오로 2세의 말씀

계속 양성의 당위성과 방향을 제시하신 교황님께서는 「현대의 사제 양성」에서 다음과 같이 말씀을 하셨습니다. "사제는 교회 안에서 계속 교육을 받음으로써 주교와 일치를 이루며 자신이 속한 사제단 안에서 또한 자신이 속한 사제단과 함께 성숙해져야 합니다."74항 "계속 교육은 정말로 계속하는 것이기 때문에 사제가 어떤 연령층에 속하든 어떤 처지에 있든, 또한 교회에서 얼마나 중요한 책임을 맡고 있든 늘 사제 생활의 일부가 되어 있어야 합니다."76항 성 요한 바오로 2세께서는 "내 마음에 드는 목자들을 세워 주겠다."예레 3.15는 하느님의 약속이 실현되는 현장이 바로 사제의 '계속 교육'과 신학생들의 '사제직을 향한 교육'이 이루어지는 현장이라고 하셨습니다.

서울대 신문대학원

교회의 현대화와 사회 학문 수강 권장

제2차 바티칸 공의회는 교회의 현대화와 세계에 대한 의식 변화를 천명했는데, 그 결과 한국교회와 신학교까지도 변화의 모습이 나타났습니다. 사회학문에 접근하고 수강하도록 권장했지요. 동기생 몇 명이 서울대와 주변 대학원의 관심 분야 학과에 대하여 정보를 나누었습니다.

신학교에서 가장 가까운 1km 거리에 서울대 문리대가 있었고 그 구내에 1968년부터 신문대학원이 특수대학원으로 설립되어 석사과정의 학생 모집을 했습니다. 대졸 학생은 누구나 지원할 수 있었으니 좋은 기회였지요.

그러나 서울대학교라 만만치 않았습니다. 1970년 입시 전형에서 필수 두 과목과 선택과목 하나가 시험과목이었는데, 불어를 선택했지요. 선택에서 거의 만점을 받아서인지 합격되었습니다. 학장과 교구장의 허락을 이미 받았고 야간 수업을 선택하여 신학교에서 저녁식사 후 걸어서 강의실에 가면 적당한 거리였습니다. 이렇게 해서 외부 대학 수강을 허락받은 최초의 신학생이 되었습니다.

삶이 커뮤니케이션이다

삶이 커뮤니케이션입니다. 살아있다는 것은 커뮤니케이션하고 있다는 말입니다. 따라서 커뮤니케이션은 고대부터 연구되어 왔지만, 20세기에 들어서서 주요한 관심사가 되었지요. 서울대에도 1950년대부터 커뮤니케이션 연구가 시작되었는데, 우리말 용어가 더 어려웠습니다. 신문, 정보, 언론, 통신 등의 단어가 각기 다른 표현처럼 느껴졌는데, 실제로 신문학과와 신문대학원에서 언론정보학과로 명칭이 변경되었습니다.

신문대학원 졸업

서울대 졸업식은 1972년 2월에 있었는데, 26회 졸업식으로 학사 보고에 이어 학사, 석사, 박사학위 순위로 학위 수여식을 했습니다. 대학원 졸업은 사목활동에 자신감과 창조적인 프로그램 구상에 도움을 주었지요. 이념의 차이, 부조리, 사회적 분쟁과 갈등, 가짜 기사와 선전에 대해 사실을 규명하고 신념을 굳히게 되었습니다.

사회의 변화와 조류에 민감하게 대처하며 자료를 수집했고, 교회 잡지와 신문 그리고 지방의 일간지 여기저기서 원고 청탁이 들어와서 당시 매주 써야 하는 주보 원고를 합치면 원고 매수가 70-100매 이상이었지요. 그 과정에서 4권의 책을 출판할 수 있었고, 특히 『매스컴에서 본 김수환 추기경의 33가지 모습』은 매스컴 이론을 연구한 결과물이었습니다.

「놀라운 기술」 사회 매체에 관한 교령

제2차 바티칸 공의회의 사회 매체 교령 「놀라운 기술」은 교황 바오로 6세에 의해 1963년 12월 4일 반포되었는데요. 현대의 통신 기술과 이론을 전면적으로 수용한 최초의 공의회였지요. 대중매체가 현대 세계의 복음화에 큰 힘을 발휘한다는 점 또한 분명했습니다. 따라서 제1장에서는 '사회 커뮤니케이션 매체의 올바른 사용을 위한 규범'을 제시합니다.

"가톨릭교회는 모든 사람에게 구원을 가져다 주도록 주 그리스도께서 설립하셨으므로 복음화의 요구에 재촉을 받아, 구원의 소식을 사회 커뮤니케이션 매체의 힘으로도 선포하고 또 사람들에게 그 매체의 올바른 사용에 대하여 가르치는 것이 자기 의무다."라고 했습니다.

「놀라운 기술」은 서론과 두 개의 장으로 구성되어 있는데, 도입부 1, 2항에서 현대 미디어가 전 사회에 미치는 파급 효과를 지적한 후 사용자의 의지에 따라 미디어가 인류를 위해 선용되거나 악용될 수 있다는 점을 밝힙니다.

이러한 양면성은 미디어 기술 자체의 속성이 아닌 사용자의 의지와 사용 방식에 의해 결정된다고 보았지요. 즉 「놀라운 기술」은 일종의 윤리적 결정론에 따라 교회의 미디어관을 피력한다고 볼 수 있습니다. 매체들을 올바로 사용하려면 이용자가 도덕 규범을 알고 실천해야 합니다.

기자를 두려워하지 말고 언론을 이해하며 활용할 줄 알아야

잘 아는 기자가 이런 말을 했습니다. 기자가 교회의 주교, 신부를 방문하겠다고 전하면 두려워하고 거부하는 경향이 있는데, 어떻게 생각하느냐고 물었습니다. 물론 좋은 말과 행동이 최선이지요. 그러나 사실에 입각해서 교회의 입장을 설명하면 됩니다. 그리고 성직자도 언론이나 기자의 특성을 연구하고 대화할 줄 알

아야 하지요. 기자들은 실상 약점 투성이입니다. 몇 가지 나열할
수 있습니다.

① 신문 방송 기자의 반 수 이상 특히 지방 기자의 대부분은
저널리즘을 전공하거나 교육을 받지 않았습니다.

② 신문윤리의식이 없고 신문, 방송윤리 강령조차 읽어보지
않았거나 알고도 무시합니다.

③ 우리 사회는 그동안 거의 언론이 통제하에 있었는데, 2016
년에도 언론은 정권에 대한 비판을 허용하지 않았습니다.

④ 교회가 권력이나 재물에 아첨하지 말고 복음정신에 따라
진리와 정의를 위해 일하며, 성직자들은 세상에 사목자로서의
진면목을 보여 주어야 합니다.

독일 사목생활

아우크스부르크교구와 대전교구 자매 결연

외국에 가 본 일이 없었고 그리 가고 싶지도 않았지만 기회는 있
었습니다. 대학원 졸업 후 원장고 김규환님이 김수환 추기경께 미
국 유학을 추천해 주겠다는 권유에 교구가 달라 어렵다고 했습
니다. 그때 무조건 건의했더라면 가능성은 있었지요. 후에 생각
해 보니 그때가 적기였고, 공부도 다 때가 있다고 뒤늦게 깨달았

습니다. 불쑥 새로운 교회상에 접근해 보고 싶다는 생각이 들고
는 했지요. 마침 고 백남익 몬시뇰이 아우크스부르크교구 주교
와 친분이 있어서 대전교구 주교의 허락을 받아 자매결연을 맺
었고, 신부 3명을 파견한다는 소식을 들었습니다.

두 사람은 독일에 이미 가 있고 한 사람이 준비 중 포기했다고
해서 바로 교구청에 찾아가 지원했습니다. 그러나 걱정이 앞섰
어요. 이때 처음으로 나이가 많다고 여겨, 어쩌나 싶었거든요. 독
일어 단어 암기에 20대보다 시간이 세 배는 걸릴 것 아닌가. 그래
도 마흔 전, 39세를 넘기기 전이 기회라고 결단을 내렸습니다. 나
이 마흔 이전은 중년이 되기 전이고, 청춘의 열정과 힘이 남아 있
다고 자위했지요. 이렇게 독일 사목의 기회가 왔습니다.

아우크스부르크교구 체류 기간

독일 아우크스부르크교구 체류 기간은 그 교구 총대리가 확증
해 준 대로[1978. 7. 28-1985. 7. 31] 만 7년이었습니다. 백남익 신부 본당
[Gessertshausen-Dietkirch]에서 거주하면서 거의 1년간 독일어 학원에 다
녔고 아우크스부르크 시내 두 성당[St. Simpert, St. Maximilian]에서 9개월
간 주일 미사와 인근 병원 환자 방문을 했지요. 이어서 라우잉겐
[Lauingen. 1980.5.15 - 1985]에서 약 5년간 본당 보좌로 사목을 도왔고요.
시간 나는 대로 독일어 학원에 다녔습니다. 귀국 명령에 따라[1985.
7. 20 Stuttgart에서] 미국행 비행기로 독일을 떠났습니다. 그 후 미국에

서 약 40일간 체류하면서 미리 구입한 여행 1개월 비행 티켓을 가지고 델타 여객기로 미국 여행을 한 후 귀국했습니다.

첫 저서 : 『대림과 성탄』

앞서 언급한『대림과 성탄』은 독일 생활에서 얻은 첫 저서인데, 첫 번째 출판이라는 데에 의미가 있었습니다. 즉 좀 더 보완된 다른 책을 출판할 수 있는 자신감을 얻었지요. 특히 전례의 대중화와 생활한 풍습을 전해 주고 싶었고, 우리나라에 잘못 알려진 전승을 바로잡고, 성탄과 대림의 참뜻을 알리고자 출간했습니다.

사회복지 대학원

사회복지사 자격증 시대

세 자매가 있었는데, 하루는 찾아와서 은퇴 후에 소규모의 복지사업을 함께 해보지 않겠는지 물었습니다. "그러기 위해서는 먼저 사회복지사 자격증이 필요하니 대학원에 등록하고 강의를 들어보시지요. 우리 셋은 이미 자격증을 받았습니다."라고 했습니다.

여러 날 혼자 생각해 보니 당시 도마동 본당사목이 천안 봉명동본당보다 덜 바쁘고 보좌신부도 있었지요. 나이도 회갑 전이고 교통은 불편하지만 야간이라 매주 두 번 기차로 통학할 수 있다고 생각했습니다. 이웃을 위한 복지보다 은퇴 후 나 자신의 복지는 어떻게 변화할 것인지를 알고 싶기도 했고, 그래서 생소한 대학보다는 낯익은 성신교정에 있는 가톨릭대학교 사회복지 대학원을 선택했습니다.1998-2000

1990년대 후반부터 사회복지학과가 급증하게 되었는데, 요인은 우리 사회에서 사회복지 인력이 필요했기 때문이 아니고, 대학이 생존해 나가기 위해 학생 모집이 쉬운 학과를 설립, 개설 운영했기 때문이었습니다. 즉 '복지'라는 말이 들어가야 학생들이 몰려들었지요.

사회복지사 윤리강령과 선서문

사회복지학과를 선택하여 연구하게 된 동기는 모든 과목이 다 인간 관계를 중요시하고 특히 약자를 돌보는 자세와 도움의 기술이 필요하다는 점이었습니다.

또한 사회복지사 윤리강령이나 선서문을 읽어보고 교회의 가르침과 복음정신의 구현 현장을 엿볼 수 있었지요. 사회복지사 윤리강령의 처음 두 문장과 선서문을 소개하고 싶습니다.

"사회복지사는 인본주의·평등주의 사상에 기초하여, 모든 인간의 존엄성과 가치를 존중하고 천부의 자유권과 생존권의 보장 활동에 헌신한다. 특히 사회적·경제적 약자들의 편에 서서 사회정의와 평등·자유와 민주주의 가치를 실현하는 데 앞장선다."

사회복지사 선서문

나는 모든 사람들이 인간다운 삶을 누릴 수 있도록,

인간 존엄성과 사회 정의의 신념을 바탕으로,

개인, 가족, 집단, 조직, 지역사회, 전체사회와 함께 한다.

나는 언제나 소외되고 고통 받는 사람들의 편에 서서,

저들의 인권과 권익을 지키며,

사회의 불의와 부정을 거부하고,

개인이익보다 공공이익을 앞세운다.

나는 사회복지사 윤리강령을 준수함으로써,

도덕성과 책임성을 갖춘 사회복지사로 헌신한다.

나는 나의 자유의지에.따라 명예를 걸고

이를 엄숙하게 선서합니다.

6. 집필 활동

대전교구 주보와 네 권의 저서

1) 「대전주보」의 창간

「대전주보」의 창간을 회고하며

태초에 「대전주보」가 있었습니다. 지나친
표현이 아닙니다. 제2차 바티칸 공의회 이
후 세계 교회는 다소 혼돈상태였습니다.
즉 교회의 쇄신과 변화를 표방하였지만 그
방향과 지침이 잘 전달되지 않았지요. 한
국 교회의 상황은 더 심각했습니다. 군사정권이 들어서면서 인
권탄압과 교회사찰까지도 감내해야 했었습니다.

　대전 시내에 당시 6개 본당이 있었는데, 교구청과 시내 본당을
중심으로 우선 올바른 정보와 교회 소식이라도 나눌 수 있는 매
체가 필요했습니다. 이에 여섯 본당 주임신부들의 동의를 얻어
「대전주보」가 탄생한 것이지요. 당시 교구장 황민성 주교님은 창

간사에서 "이 주보에 희망과 기대를 걸며, 교구의 빛이 되어 주길 바란다."고 하셨습니다.

필자는 시작만 했어요. 그런데 시작이 반이라고 몇 달 후 수원 교구를 비롯하여 인접 교구에서도 잇달아 교구주보를 창간했습니다. 때마침 가톨릭 문화회관 내에 직영 '양업인쇄소'까지 개업했지요. 처음에는 편집인 혼자 원고정리, 교정, 인쇄소 연락까지 했지만, 이제는 교구 홍보국장을 중심으로 전문인들이 훌륭한 주보를 만들고 있습니다. 예술적, 시각적인 편집과 다양한 말씀, 공동체 소식과 정보교환으로 주보의 중요 역할을 담당하고 있습니다. 축복을 빕니다.

대전교구 주보 지령 2000호 발행일

1970년 사제서품 이후 본격적으로 글 쓰는 작업이 시작되었습니다. 특히 1971년 「대전주보」를 창간한 후부터는 매일 원고 작성과 수집에 많은 시간을 할애했습니다. 대전교구 가톨릭 저널리스트 클럽 제3대 지도신부로 임명되니 시내 대전일보와 중도일보에서 칼럼 원고 요청까지 왔습니다.

가톨릭 신문 2009. 10. 25. 제2669호 2면에 「대전주보」 지령 2000호에 대하여 다음과 같은 기사가 있었습니다. "대전교구가 발행하는 「대전주보」가 10월 25일자로 지령 2000호를 맞았다. 16면 특집호로 발행될 2000호 주보에는 교구장 유흥식 주교, 1971년 창간 당시

편집인이던 안문기 신부의 축하 글, 「대전주보」 역사 소개, 제작 과정 등이 실릴 예정이다."

「대전주보」 창간의 역사적인 평가

「대전교구 60년사」^{2008. 10. 12. 71쪽 참조}에서는 "교구 공문, 사목계획서의 등장에 필적할 만한 것이 「대전주보」의 창간이다."라고 했습니다. 시내 6개 본당에서 시작했지만 후에 교구 전체 주보로 범위가 확대되었지요. 따라서 교구 본당 소식의 전달과 동시에 교회에 관한 교육이 가능해졌고 대사회운동에도 적극적으로 참여하게 되었습니다. 또한 「대전교구 60년사」에서는 1970-80년대에 일반 신문이나 방송에서는 보도할 수 없었던 사실들이 주보를 통해 알려졌다고 합니다.

1976년 3·1절 명동 기도회 사건의 재판 보도, 김대중의 최후 진술 보도 등이 대표적이지요. 교구 사목계획이나 교리 교육에 관한 기록물들이 체계적으로 보존됨으로써 교구의 활동들이 역사 기록으로 남게 되었다고 평가했습니다.

자랑스러운 것은 모든 내용이 교회와 영성생활을 중심으로 기록되었다는 점이지요. 한마디로 '사제의 영과 함께' 시작했고 현재까지 동반되어 왔습니다. 대전교구의 역사적 산물인 「대전주보」가 2020년에는 2555호를 넘게 되었습니다.

2) 『대림과 성탄』

대림시기와 성탄시기의 여러 가지 풍습에 대한 기원과 정신을 밝힌 책인데 서독 아우 크스부르크에서 독일인 사목을 도우면서 저 자가 수집한 자료를 중심으로 서양에서 시 작된 성탄 풍습을 우리나라의 전통과 풍습 에 맞게 조화를 찾으며, 전례의 토착화를 바  라는 마음에서 엮었습니다. (도서출판 크리스챤, 1984. 11. 4)

3) 『은혜로운 계절 축제』

30여 년간의 사목활동과 특히 독일교회에서 7년간의 사목체험을 전례주년에 맞추어 전례 자료를 수집하여 편찬했습니다. 한 해 동안의 축제를 한 권의 책으로 일목요연하게 만들었 습니다. 각 시기 별로 요약한 내용과 우리나 라 신자들의 의식에 맞추어 강론까지 게재했  습니다. 어려운 전례 용어를 알기 쉽게 설명하고 체험적 이야기를 누구나 잘 이해할 수 있도록 해설했습니다. (가톨릭출판사, 2008)

책머리에

축제란 무엇입니까? 축하하고 제사 지내는 것인데 이 축제가 거행되는 날을 축일 또는 축제일이라고 합니다. 이 책은 그리스도교 축제가 중심이고, 여러 축제를 시기별로 나누어 축일의 의미와 전례를 중점적으로 다루었습니다.

교회는 1년을 한 주기로 하여 그리스도의 신비를 기념하는데 이를 전례주년이라고 합니다. 전례는 세속의 시간을 예수 그리스도의 시간으로 변화시키고 그분의 현존이 드러나도록 거행하는 예절입니다. 전례주년의 중심은 파스카 축제이고 전례일의 등급 순위를 따진다면 '주님 수난과 부활의 파스카 성삼일'이 제일등급입니다. 따라서 전례헌장[102항]에서 지적한 것처럼 부활 축제를 가장 장엄하게 지낼 뿐만 아니라 주간마다 주일에 주님의 부활을 기념하고 있습니다. 그리고 한 해를 주기로 하여, 강생과 성탄에서부터 승천, 성령 강림 날까지, 또 복된 희망을 품고 주님의 오심을 기다리는 대림까지 그리스도의 신비 전체를 펼칩니다.

이 책의 특징

첫째, 이 책은 전례시기의 순서에 따라 대림시기·성탄시기·사순시기·부활시기·연중시기로 구분하였고, 중요성이나 등급 순위로는 부활시기가 우선이지만 축일표와 계절에 따라 신앙생활에 활력과 은총을 받도록 구성했습니다. 둘째, 시기별 축제의 의미와 요약을 만들어 누구나 쉽게 파악하도록 했고, 전문용어와 전례 내용을 평이하게 이해하도록 힘썼습니다. 셋째, 2005년 번역본인 한국교회 공용 성경을 인용하였고, 주요 축일에는 강론과 묵상을 넣어 영성생활에 도움을 주며 우리의 현실과 믿음의 조화를 찾도록 했습니다.

4) 『알기 쉽게 풀이한 새 미사 해설』

1997년 발간된 『새 미사 해설』의 개정판으로 2008년에 『알기 쉽게 풀이한 새 미사 해설』을 낸 지 8년 만에, 프란치스코 교황의 첫 공식 문헌 『복음의 기쁨』과 강론에 대한 가르침인 「강론 지침」을 반영하였고, 『로마 미사경본 총지침』의 최근판[2018]과 교황 방한 후의 한국 교회 의식 변화와, 『천주교 용어집』 개정판을 반영한 『알기 쉽게 풀이한 새 미사 해설』 개정 증보판으로 발간되었습니다. (바오로딸, 초판 1997, 개정판 2008, 개정3판 2018)

구경꾼이 아닌 참여자로

미사 전례의 중요성은 아무리 강조해도 지나치지 않습니다. 전례는 바로 예수님의 행위이기 때문이지요. 자칫 습관적으로 임하기 쉬운 미사이기에 미사 각 부분에 대한 이해를 돕는 이 책이 좀 더 깨어있는 신앙생활과 미사에 대한 능동적 참여를 이끌 수 있기를 희망합니다.

예로부터 우리나라에서 미사는 '거룩한 제사'라는 뜻으로 '미사성제聖祭'라 했습니다. 또한 주일을 거룩하게 지내려면 미사에 '참례參禮해야 한다.'거나 미사성제를 '봉헌해야 한다.'고 했습니다. 제2차 바티칸 공의회1962~1965 이후로는 '참여'라는 말을 많이 사용하며 신자들에게 의식적이고 능동적이며 몸과 마음을 포함한 온전한 참여를 촉구하고 있습니다.전례헌장. 30항 참조 그러므로 교회는 신자들이 이 신앙의 신비에 마치 국외자나 말 없는 구경꾼처럼 그저 끼어 있지 않고, 예식과 기도를 통하여 이 거룩한 신비에 경건하고 능동적으로 참여하도록 관심과 배려를 기울입니다.전례헌장. 48항 참조

첫째, 미사 각 부분의 해설

『알기 쉽게 풀이한 새 미사 해설』은 공동체와 함께 하느님께 드리는 감사와 찬미의 제사인 미사의 의미를 알고 적극적으로 동참하도록 이끌어 줍니다.

첫 부분에서는 미사에 대해 전반적으로 설명하지요. 미사통상문을 부분적으로 직접 인용하면서 미사의 각 부분을 진행되는

순서대로 하나하나 짚어가며 해설하고 있습니다. 먼저 미사에 참여하는 자세에 대해 언급하고, 다음으로 시작 예식과 말씀 전례·성찬 전례에 대해서 설명하고, 마지막으로 마침 예식에 대해 이야기합니다.

예화나 사건 등을 인용하며 시대 상황도 염두에 두면서 우리 현실에 맞게 해설했습니다. 따라서 단순히 이론적인 전례 해설이 아니라, 나름대로 토착화된 풀이를 통해 미사 해설 내용의 심화를 꾀했습니다. 또한 미사 각 부분을 해설하면서 동시에 묵상까지 할 수 있도록 깊이 있는 내용을 제시했습니다.

둘째, 미사 봉사자의 임무와 자세

둘째 부분에서는 '미사 봉사자의 임무와 자세'를 다룹니다. 이 부분은 저자가 머리글에서 밝히고 있듯이 신자들이 미사에 참여할 뿐 아니라 더욱더 능동적으로 봉사하는 자세를 일깨우기 위한 것이지요.

먼저 신자 공동체와 개개인의 임무에 대해 언급하고, 미사 해설자, 독서자, 미사 성가대, 오르간 연주자, 성체 분배자, 복사, 제의실 담당자, 종신 부제의 임무와 자세에 대하여 설명하며, 여성의 제대 봉사에 대해서도 다루었습니다. 이 해설서는 신자와 예비 신자들이 미사의 은총을 충만히 누리고 살아가며, 전례 봉사자와 교리교사, 사목자들이 잘 활용할 수 있도록 해 줍니다.

5) 『매스컴에서 본 33가지 김수환 추기경 모습』

이 책의 발행일은 필자의 은퇴 미사일[2009. 1. 11]
이었고 그리고 나서 36일 후에 김수환 추기
경님의 선종 소식을 듣게 되었습니다.[2. 16] 언
제인가 이런 시간이 오리라 예상은 하고 있
었지만, 막상 떠나셨다고 하니 마음이 너무
아프고 허전했습니다. 집안의 어른을 잃어

삶의 방향을 바로잡지 못할 것만 같은 공허감에 마음을 추스르
기 힘들 지경이었습니다. (퍼시픽북스. 2009. 1. 11)

그분은 우리 사회의 큰 어른으로서 빛과 희망이 되어 주셨습
니다. 잃어버린 양을 찾아 돌보는 사목자로서의 주 임무를 너무
도 훌륭하게 보여 주셨지요. 성직자는 신자들을 가르치면서 자
기가 가르친 것처럼 똑같이 실천해야 한다는 것을 현장에서 몸
소 가르쳐 주신 것입니다. 우리는 이제 성직자일 뿐만 아니라 사
회지도자로서도 훌륭히 역할을 해냈던 그분을 본받아 모범적인
성직자들과 제2의 지도자가 우리 교회에 다시 나타나길 기대하
며 기도해야 하겠습니다.

　제1장　성직자로서의 김수환 추기경
　제2장　지도자로서의 김수환 추기경
　제3장　인간 김수환 희로애락의 모습

요약하면 대중매체의 중심인 신문[인쇄 매체]과 TV[영상 매체]를 통하여 드러난 김수환 추기경의 모습을 제시하고 매체의 역할과 수용자들이 알아야 할 상식들을 요약했습니다. 성직자, 추기경으로서 교회 내의 지도자 면모와 그것이 매스 미디어를 통해 어떤 영향을 주었는지 살펴 보았고, 한국을 대표하는 정신적 지도자로서 김 추기경이 어떻게 대처해 갔는지 미디어에 반영된 자료를 중심으로 고찰했습니다. 마지막으로 김 추기경의 인간적 모습에 대한 숨은 이야기를 담았습니다. 인간 김수환의 신앙과 삶, 유머의 달인, 노래하는 추기경, 마지막 병상 등 열한 가지 모습이 들어 있습니다.

7. 사제의 영과 함께

원로 사제, 하기동본당, 예수수도회

원로 사제

원로 사목자의 역할

원로元老란 어떤 분야에 오래 종사하여 나이와 공로가 많고 덕망이 높은 사람인데, 신구약 시대에도 원로라고 불리는 사람들이 있었습니다. 그들은 나이나 경험, 지혜 또는 사회적인 지위 때문에 특별한 권위를 가진 신분을 얻고 존경을 받던 사람들로서 신앙 공동체를 이끌던 지도자들이었습니다.

보편교회 법전은 75세에 본당 신부의 직무를 중단하도록 권고하고 있지요. 다른 직책은 그대로 할 수 있고요. 그런데 한국교회에서는 만 65세 이상의 사제가 희망하고 교구장이 이를 받아들일 때에 교구의 정규적인 직책을 맡지 않을 수 있다고 변경했습니다.

일반적으로 각 교구는 만 70세가 되면 은퇴를 하도록 권하고 있습니다. 요즘 '은퇴 사제'를 '원로 사제' 또는 '원로 사목자'라고 하는데, '은퇴'란 말보다는 '원로'라고 하면 위로가 될까요?

대전교구 시노드 최종문헌 중 건의안[11]에 보면 "원로 사목자에 대한 사제들의 관심이 필요하며 원로 사목자들이 사목에 도움이 될 수 있는 범위에 대한 지침이 필요하다."고 했습니다. 「사제의 직무와 생활 지침」[113]에도 '원로 사제들'에 대한 역할을 제시하고 있습니다.

하기동본당

노인대학 성경 강사

2009년 1월 은퇴 이후 유성구 반석동에 거주하게 되었는데, 마침 3km쯤 떨어진 곳에 하기동본당이 신설되었습니다. 그래서 새 성당 건립으로 분주한 주임신부가 원하는 미사와 성사를 거행하면서 보좌 역할을 했습니다.

3월부터는 궁동성당 노인대학 지혜대학에서 성경 강의 요청이 있어서 매주 한 번, 한 시간씩 강의를 했습니다. 만 3년 강의를 했고, 교재는 생활성서사에서 출판한 『성경의 길을 따른 여정』으로 학생들과 함께 공부했지요. 가르치면서 많이 배웠습니다.

그런데 또 유성성당에 새로 부임한 주임신부의 본당 노인대학에 와서 강의해 달라는 요청이 있어서 2011년에는 화요일에 궁동, 금요일에는 유성 노인대학 강의를 맡아 바쁘게 지냈습니다. 이어서 2012년에는 하기동성당에 노인대학 푸른솔대학이 생겼는데, 유성과 궁동에는 평신도 강사가 있어서 인계한 후 하기동 한 곳만 맡아 다시 3년 동안 더 성경을 강의할 수 있었습니다.

신앙의 핵심은 세 가지

신약성경의 핵심은 신앙 강화입니다. 그리고 신앙의 핵심은 세 가지인데, 즉 부활하신 예수님, 그리스도이신 예수님, 주님이신 예수님이지요. 예수님은 부활하신 후 제자들과 믿는 모든 사람들과 함께 계십니다. 그래서 '하느님과 함께 하는 우리'일 뿐 아니라 '우리와 함께 하시는 하느님'이십니다. '그리스도'란 하느님의 기름부음을 받은 자이지요. 세상의 죄를 지시고 목숨까지 내놓으심으로써 믿는 모든 사람을 생명의 길로 이끌어 주신 구세주가 되셨습니다. 그분은 하느님 한 분께만 쓰이던 이름인 '주님'으로 하느님의 모든 권능과 권위를 지니고 계시니 모든 피조물은 주님께 마땅히 순종해야 합니다. 필리 2,6-11 참조

성경 말씀은 '지금 여기'에서 시작

성경 교육이란 학생들에게 성경을 줄줄 외우도록 하는 암송 교육이 아니고 구세사의 여정에서 수난과 아픔을 기억하면서, 생활의 잘못을 찾아내고, 같은 잘못을 반복하지 않도록 교훈을 나

누는 것입니다. 따라서 '지금 여기'에서 시작되어야 합니다.

"오늘 이 성경 말씀이 너희가 듣는 가운데에서 이루어졌다."^{루카 4,21}는 말씀과 같습니다. 과거와 현재의 대화, 그리고 논쟁이 없다면 성경을 배울 이유도 없습니다. 오늘 내가 살아가는 삶 속에서 주님과 같이 늘 하던 대로 주님의 기쁜 소식을 접하고 전할 수 있어야 합니다. 성경 말씀은 전례 중에 교회를 생동케 하는 원천이 됩니다. 또 전례는 선포된 말씀이 지금 여기에서 벌어지는 사건이 되게 합니다. 성경과 신앙과 전례를 통하여 성부·성자·성령께서 우리와 함께, 또한 사제의 영과 함께 현존하심을 직시해야 합니다.

예수수도회 한국관구 대전본원 미사

나는 존재한다. 있는 그대로의 모습으로

예수수도회 한국관구 대전본원 성당에서 매일 미사를 담당한 지가 벌써 5년이 되었습니다. 2015년 8월 28일 첫날 미사 강론에서 이런 말을 했습니다. "조용히 보이지 않게, 잊혀진 채 살려고 했습니다. 수도 공동체의 엄숙한 자리에 서게 될 줄은 꿈에도 생각하지 못했습니다. 처음에는 거절했지요. 밤새 묵상했어요. 결심을 하고, 오늘 이 제대 위에 올라와 보니 여기가 내 본연의 자리였다는 깨우침을 얻었습니다."

한 가지 위안이 된 것은 사제품을 받은 후 예비 수녀님들에게 교회 전례를 몇 년간 강의했는데, 그때 알게 된 수녀님들이 지금도 많이 계셔서 낯설지 않았다는 점입니다. 또 다른 한 가지 위로의 말씀은 유명한 영성 신학자 안셀름 그륀 신부의 저서 『내 삶을 바꾸는 50가지 방법』이었습니다.

"나는 자신을 받아들인다. 나는 나에게 손을 내민다. 나는 있는 그대로의 모습으로 존재한다. 하느님께서 나를 지금 있는 그대로의 모습으로 창조하셨음에 감사한다."위의 책, 161쪽

수도가족 모임에서 본 수녀님들의 특성

예수수도회 수도가족 모두가 매년 6월 6일 공휴일에 모입니다. 바로 이 날 금경축과 은경축을 맞는 수녀님들을 위한 행사를 합니다. 오전에 축하 미사를 봉헌하고 오후에는 간단한 축제를 하지요. 각 공동체별로 준비한 공연 내용들이 너무 다양하고 수준이 높아, 내년엔 채점을 해서 발표하면 어떨까요? 제안했더니, 몇 수녀님들이 다음과 같이 말했습니다.

"앗! 신부님, 상을 주시게요? 만남이 기쁨인걸요."

"예수수도회 수녀님들의 특성이 무엇이지요?" 가끔 이런 질문을 받았습니다. 몇 년간 접촉해 본 예수수도회 수녀님들이나 성모초교와 여고의 교육 이념과 실제를 보아도 특징은 적극적이고

진취적이며 창의적이라고 할 수 있겠습니다. 그 모든 것은 수도회 창립자의 뜻과 전통이 만들었다고 봅니다. 6장에서 '이냐시오 영성'에 관한 말씀이 나오는데요. 적극적으로 활동하시는 사랑의 하느님을 인식하며 이 세상에서 응답으로 같은 사랑을 역시 적극적으로 실천하는 것이지요. 이런 영향을 받은 수녀님들이 다양한 방법으로 예수님을 닮아가려고 노력하고, 창의성을 발휘하여 봉사하는 것을 보고 있습니다.

이별의 장 "이제는 내가 사는 것이 아니라 …"
벌써 5년 동안 예수수도회 안에서 먹고 자고 미사를 봉헌했습니다. 이 5년은 "사제의 영과 함께" 활동한 마지막 단계이기도 합니다. 이곳은 대전성모초교, 대전성모여고, 대전성모어린이집뿐만 아니라 우리성서모임과 영성대학 학생들의 평생교육 현장이었습니다. 날마다 드나드는 학생들의 수업과 생활, 그리고 그들을 교육하는 수녀님들의 모습은 내 삶에 큰 변화를 주었지요.

　　학교 법인 동정성모학원 이사장 정홍주 수녀님은 이렇게 요약했습니다. "교사의 지식 전달 중심 수업에서 학생들의 활동중심 체험학습으로의 전환이 핵심입니다. 이것은 인간존중, 학습자 중심의 메리 워드 정신과 성 이냐시오 로욜라의 체험적 인식중심 학습방식과도 맥을 같이하고 있습니다. 성모초교에서는 교사들이 각 교실에서 행복 교육을 실천하고 있지요. 여고에서는 지난

2014년부터 제도적으로 시행했던 선진형 교과교실제 정착으로 전국 우수학교로 선정되기도 했어요."

하느님께서 사람을 통하여 일하시는 또 하나의 현장이 학교 교육임을 알게 되었습니다. 사오백 년 전의 신적 지혜가 세대를 통하여 적용되는 모습으로 드러납니다. 수도 공동체와 함께 한 5년은 사제의 정체성을 재확인하면서 바오로 사도의 말씀이 제 마음을 사로잡는 기간이었습니다.

"이제는 내가 사는 것이 아니라 그리스도께서 내 안에 사시는 것입니다. 내가 지금 육신 안에서 사는 것은, 나를 사랑하시고 나를 위하여 당신 자신을 바치신 하느님의 아드님에 대한 믿음으로 사는 것입니다." _{갈라 2,20}

"주님께서는 붙잡힌 이들을 풀어 주시고
주님께서는 눈먼 이들의 눈을 열어 주시며
주님께서는 꺾인 이들을 일으켜 세우신다."시편 146,7-8

제6장

예수수도회 창립자 메리 워드

마더 테레사 성인의 선구자

안 신부와 장 수녀의 대화

『메리 워드의 위대한 선물』크리스틴 버크 지음, 예지 출판사을 우리말로 옮긴
장혜선 히야친따 수녀님과의 대화록입니다. 편의상 '안 신부와
장 수녀의 대화'로 소제목을 달았습니다.

안 신부 : 수녀님, 안녕하셨습니까? 이렇게 뵙고 대화를 나누기
　　　　는 오랜만입니다.

장 수녀 : 신부님도 안녕하시지요? 우리 수녀원에 오셔서 미사
　　　　봉헌하신 지도 여러 해 되셨지요?

안 신부 : 벌써 5년이 되어 갑니다. 세월이 새삼 빠르다고 느낍니
　　　　다.

장 수녀 : 그동안 어려움도 많으셨지요?

안 신부 : 제 담당은 예수수도회 대전본원에서 아침 미사를 봉헌
　　　　하는 일입니다. 그동안 적응하는 데 두 가지 어려움이
　　　　있었습니다. 즉 아침 6시 25분 미사 시간에 맞추어 기
　　　　상하는 습관과 미사 중 5분 강론입니다. 평소 아침형이
　　　　아닌데 아침형으로 바꾸기 위해 전날부터 준비를 해야
　　　　했습니다.

장 수녀 : 강론 준비도 쉬운 일이 아니지요?

안 신부 : 짧고 재미있게 하는 강론 준비가 더 어려웠습니다. 주일

과 의무축일에는 강론을 꼭 해야 하지만 평일에는 권고사항입니다. 그러나 저 자신을 위해 강론 준비를 매일 합니다. 실은 제가 수녀님에게 질문하려고 마련한 자리인데 순서가 바뀐 듯합니다.

'가난한 이들의 어머니' 데레사 수녀 성인 되다

가난하고 소외된 이들을 위한 희생과 사랑으로, 생전에도 '빈자의 성녀'라 칭송받던 콜카타의 데레사 수녀(마더 데레사)가 마침내 성인으로 공식 선포되었다. 프란치스코 교황은 2016년 9월 4일 성 베드로 광장에서 마더 데레사의 시성식 미사를 주례하고 그를 성인 반열에 올렸다. 교황은 마더 데레사를 성인으로 선포한 뒤 "우리는 데레사 수녀를 '데레사 성녀'라고 부르는 데 상당한 어려움이 있을 것"이라면서 "성녀의 거룩함은 우리에게 너무 가깝고, 다정하며 유익해, 우리는 계속 그를 '마더 데레사'로 부르고 싶기 때문일 것"이라고 말했다.

교황은 시성 미사 강론에서 "마더 데레사는 삶의 모든 방면에서 주님의 자비를 너그러이 보여주셨다."면서 "그는 모든 이를 환대했고, 생명의 수호자가 되어 주었으며, 태아와 소외된 이, 버려진 이들을 위해 헌신했다."고 전했다. 이어 교황은 마더 데레사가 평소 자주 했던 '난 다른 나라 언어를 할 줄 모르지만 웃을 줄은 안다.'라는 말을 인용하고, "우리의 마음속에 성녀의 미소를 간직하고 우리 삶의 여정에서 만나는 모든 이, 특히 고통 받는 이들에게 성녀의 미소를 전하자."고 당부했다.

(2016. 9. 11. 가톨릭 신문 1면에서)

성소의 길

안 신부 : 장 수녀님도 앞의 기사를 보셨지요? 수녀님은 마더 테
　　　　　레사를 어떻게 알고 계신지요?

장 수녀 : 제가 아는 바로는 마더 테레사Mother Teresa, 1910~1997는 현
　　　　　재 마케도니아의 수도 스코페Skopje의 알바니아계 가톨
　　　　　릭 신자 가정에서 3남매 중 막내로 태어났어요. 어릴
　　　　　때 어머니에게 신앙교육을 충실하게 받았지요. 테레사
　　　　　수녀가 겨우 8살 때 아버지가 갑자기 사망하면서 가세
　　　　　가 급격히 기울게 됩니다. 테레사 수녀의 아버지는 알
　　　　　바니아 독립 투쟁에 앞장섰었는데, 아버지의 사망과
　　　　　관련해 정적들이 독살했다는 의혹도 제기되고 있습니
　　　　　다. 테레사 수녀의 어머니는 이후 허드렛일을 하면서
　　　　　생계를 유지했습니다. 넉넉지 않은 형편에도 불구하고
　　　　　어머니는 늘 다른 사람들과 나누는 삶을 실천하면서
　　　　　자녀들에게도 가르쳤지요. 테레사 수녀는 특히 어머니
　　　　　와 아주 가까운 사이였다고 합니다.

안 신부 : 어려운 사회 환경 속에서 성소의 길을 찾기가 순탄치
　　　　　않았을 텐데요.

장 수녀 : 그런데 벵골에서 활동하는 선교사들의 전기를 즐겨 읽
　　　　　으며 깊게 감동했어요. 1928년에 테레사는 기도 중에
　　　　　선교 활동을 위한 수도 성소에 소명이 있다고 확신하

고 본당 신부와 의논했습니다. 그 후 18세 때 인도의 콜카타에서 선교 활동 중이었던 아일랜드 더블린의 '로레토 수녀회 Sisters of Loreto'로 알려진 '동정성모회 Institute of the Blessed Virgin Mary'에 입회해서 3년간 로레토 수녀회의 수련기와 영어공부를 마치고 인도로 떠났습니다. 이때 본명 원래 이름은 아그네스 곤자 보야지우 대신 테레사라는 수도명을 갖게 되었지요.

안 신부 : 인도에서는 몇 년이나 소임을 하셨나요?

장 수녀 : 테레사 수녀는 동정성모회가 운영하는 학교에서 교사로 그리고 교장으로 약 16년간 소임을 했습니다. 이처럼 가경자 메리 워드를 창립자로 모신 수도회에서 메리 워드의 정신을 배워 성인까지 되셨으니 축하할 일이 아닐 수 없지요.

성인·복자·가경자의 의미

안 신부 : '가경자 메리 워드'란 말이 나오는데 독자들을 위해 설명이 필요하겠지요?

장 수녀 : 예, 복자, 성인과 관련하여 이해하면 좋겠는데요.

안 신부 : 우선 그동안 사용한 '데레사'Teresa의 발음을 천주교 용어 심의 위원회에서 '테레사'로 사용하도록 했습니다. 가톨릭교의 성인은 순교자였거나 살아서 특히 신앙과

공덕이 빼어난 사람을 교황의 권한에 의해 성인으로 선언하고 교회력에 축일을 정해 공경의 대상으로 하고 있어요. 성인이 되려면 먼저 복자라는 단계를 거쳐야 하지요. 사망 후 5년 이상 지난 후에 그의 전 생애와 기적에 대한 아주 엄격한 심사를 거쳐 통과되면 복자로 공식 선포되고요. 복자가 된 후 그에 대한 칭송이 계속되고 또 다른 기적이 일어났다면 시복 절차와 비슷한 과정을 거쳐 성인 반열에 오르게 됩니다. 일반적으로 성인으로 추대되기 위해서는 두 가지 이상의 기적이 있어야 합니다. 하지만 순교자는 순교한 사실만으로 기적 심사에서는 면제되지요. 예를 들면 한국에서는 천주교 초기 박해로 순교한 103명이 1984년에 성인 반열에 올랐습니다.

장 수녀 : 예수수도회 창립자인 메리 워드가 수도회를 창립한 지 400년이 지난 2009년, 비로소 교황 베네딕토 16세는 그를 '가경자可敬者'로 선포했습니다. 가경자는 '공경할 만한 사람'이라는 뜻으로 시복 심사 중에 영웅적 성덕이 인정된 '하느님의 종'에게 붙이는 존칭으로 '존경해도 되는 이'라는 교회 용어이니 마침내 시복시성 절차가 가능한 문이 열린 것이지요.

안 신부 : '땀의 순교자' 최양업 신부가 가경자로서 시복 조사를

받듯이 한마디로 가경자란 시복을 위해 조사를 시작한 사람이란 칭호이지요.

동정성모회

장 수녀 : 앞에서 말씀하신 테레사 수녀는 1931년부터 1947년까지 인도의 콜카타에 있는 동정성모회가 운영하는 학교에서 소녀들에게 지리와 역사 과목을 가르쳤는데요. 그는 이 생활에 잘 적응했던 것 같습니다. 16년 동안 성실하게 교사 생활을 하면서 교장 책임까지 맡게 되었지요. 그 사이 1937년 로레토 수녀회에서 종신서원도 했습니다.

안 신부 : 로레토 수녀회나 동정성모회는 결국 같은 수도회 명칭이지요?

장 수녀 : 네 그렇습니다. 'Institute of the Blessed Virgin Mary'의 우리 말 명칭은 '동정성모회'입니다. 라틴어로는 'Institutum Beatae Mariae Virgine'이고 약자로는 'IBMV'로 사용해 왔지요. 동정 성모회는 사실상 2003년까지 저희 수도회의 예전 이름이었어요. 또한 저희는 로마에 총원이 있어서 라틴어 첫자 IBMV로 사용해 왔고

요. 로레토 수녀회는 영어 명칭 Institute of the Blessed Virgin Mary 의 첫 글자 IBVM으로 사용하고 있습니다. 한 가지 언급하고 싶은 것이 있어요. IBVM의 별칭인 로레토 수녀회와 과거 저희 '동정성모회'[현 예수수도회] Congregation of Jesus는 메리 워드의 창립 은사에 의해서 설립된 수도회입니다. 같은 정신으로 살고 같은 이름이지만 설립된 시대와 갈래는 다릅니다. 저희 수도회는 1609년 메리 워드와 동료들에 의해 시작된 수도회이고, 로레토 수녀회는 거의 200년 후인 1821년 학교 교육을 위해 아일랜드 주교의 파견으로 영국 동정성모회에서 양성을 받은 테레사 볼 수녀가 아일랜드 라트판햄에서 시작했어요. 그러나 두 갈래의 다른 '메리 워드 수녀회'는 20세기 초반에 시작된 통합을 위한 시도를 최근에 이르러 더 활발히 진행하고 있습니다.

부르심 속의 부르심

안 신부 : 하느님 안에서 평화롭게, 보통 수녀로서 자기에게 주어진 일에 성실하게 살아갈 것 같았던 테레사 수녀의 삶은 왜 갑자기 바뀌었는지요?

장 수녀 : 어떤 깨우침 또는 현시나 '신적 조명'이 있었다고 봅니다. 그는 1946년 콜카타에서 다르질링으로 피정을 하

러 가던 기차 안에서 하느님의 소리를 들었다고 했는데요. 그것은 자신이 안온한 로레토 수녀회에서 나가, 거리에서 고통 받는 인도의 가난한 사람들을 돌보라는 것이었다고 합니다.

안 신부 : 하느님의 영적인 계시라고 할까요?

장 수녀 : 네, 이것을 이미 수녀로 자신을 부른 하느님께서 다시 한번 자신에게 임무를 준 '부르심 속의 부르심'이라고 했어요. 그는 하느님의 부르심에 즉각 응답하려 했으나 교회 당국에서는 이미 로레토 수녀회에서 평생을 다하기로 한 테레사 수녀가 수녀회를 벗어나 거리로 나가는 것을 환영하지 않았습니다. 개인적 활동이 가져올 여러 가지 정치적 의미와 신변보호문제, 종교적 문제 등등으로 인해 테레사 수녀의 청원은 2년이나 끌었어요. 그러나 그는 포기하거나 좌절하지 않았고 청원을 거듭했지요. 마침내 당시 교황이던 비오 12세로부터 수도원 외부 거주를 허가받은 테레사 수녀는 1948년 인도의 거리로 혈혈단신 나섰습니다.

안 신부 : 질문하고 싶은 내용은 테레사 성인이 16년 이상 동정성모회로레토 수녀회 소속 수녀로서 종신서원까지 했고 성실하고 기쁘게 살던 분이었는데, 피정 가던 기차 안에서 하느님 소리를 들었다고 합니다. 그리고 새 임무를

'부르심 속의 부르심'이라고 했습니다. 어떻게 설명할
수 있지요?

성소와 사명

다른 어떤 것

장 수녀 : 마더 테레사가 언젠가 로레토 오스트레일리아 관구^{IBVM}
　　　　수녀님들을 만나 함께 지낼 때, 자신은 수도회를 떠난
　　　　것이 아니라 메리 워드의 카리스마를 다른 방식으로
　　　　살도록 부르심을 받은 것이라고 했어요. 그리고 메리
　　　　워드가 가난한 이들을 돌보고 교육에 열정을 둔 것처
　　　　럼 테레사 수녀도 메리 워드의 발자취를 따라 가장 가
　　　　난한 이들과 함께 살았습니다.

안 신부 : 메리 워드의 소명과 사명은 한 마디로 무엇입니까?

장 수녀 : 무엇보다 특별한 영적 체험은 『메리 워드의 위대한 선
　　　　물』 54쪽에 나옵니다. 신적 조명 중에 봉쇄수녀원이 아
　　　　니라 '다른 어떤 것'을 통해 하느님께 더 큰 영광을 드
　　　　릴 수 있다고 확신하게 되었고, 거룩해지기 위해 세상
　　　　을 떠날 필요는 없다고 생각했지요. 실제로 생토메르
　　　　에 영국에서 종교박해를 피해 온 가톨릭 집안의 소녀

들을 위한 기숙학교와 지역 빈곤층 소녀들을 위한 주
간학교를 열었습니다. 이렇게 메리 워드의 공동체는
두 가지 사명에 투신했습니다. 즉 수녀로서의 봉헌생
활을 하면서 당시 여성 수도자에게는 허용되지 않았던
활동에 투신하는 것이었지요. 당시에 여성 수도자가
하느님께 삶을 봉헌한다는 것은 우선 외적으로 세상을
떠나 수도원 안에서 봉쇄의 삶을 사는 것이었기 때문
에 외부 활동과 봉사의 생활방식은 대단한 결단이 아
닐 수 없었지요.

안 신부 : 아 그러니까, 메리 워드가 '다른 어떤 것'에로 부르심
받았다는 것은 현실적으로 여러 가지 어려움이 포함
되어 있었겠네요.

장 수녀 : 네, 이런 어려움들을 실제로 겪어내야 했던 메리 워드
의 말씀을 들어보실까요? "나는 여성이 다가올 미래에
위대한 역할을 하리라 믿습니다. 하느님의 은총에는
성차별이 없습니다." 이 말을 남긴 메리 워드는 가톨릭
신자들에게조차 낯선 이름이지만, 최초의 여성 활동
수도회인 예수수도회를 창립한 선구자입니다. 메리 워
드는 1600년대 영국에서 가톨릭 박해가 극심했고 '봉쇄
수도원'만이 여성에게 허락된 시기였음에도 불구하고,
하느님의 뜻에 따라 수도원 담 밖에서 봉사하는 '활동

수도회'를 창립하고 유럽 곳곳에 소녀들을 위한 학교를
세웠지요. 1900년대는 여전히 여성 수도자들에게 여러
제한이 있었지만, 마더 테레사^{1910. 8. 26-1997. 9. 5}와 같이 하
느님의 비추심에 의한 고유 은사를 따를 수 있는 선택
의 문이 열려 있었던 시기였습니다.

영신수련 침묵 피정

안 신부 : 테레사 수녀의 경우 로레토 수녀회 입회는 하느님의
　　　　첫 부르심이라고 할 수 있는데, 테레사는 왠지 자신이
　　　　머물던 깨끗하고 풍요로운 로레토 수녀회를 떠나야 함
　　　　을 깨달았지요. 연피정을 가는 기차 안에서 주님의 소
　　　　리를 분명히 들었기 때문이라고 합니다. "가난한 이들
　　　　과 함께해야 한다." 수녀님은 이렇게 회고했지요. "그
　　　　제야 나는 비로소 어디에 속해 있는지 알았습니다."라
　　　　고요. 현재의 우리 수녀님들 모두 마찬가지 아닙니까?
　　　　떠나야 하겠지요. 그래서 편하게 있던 수도원을 떠나
　　　　더 작은 이들을 향해 가야지요. 그러나 떠나는 과정은
　　　　그리스도께서 성령을 보내시어 우리를 지원해 주셨던
　　　　방법을 본받는 것 외에는 없겠습니다.

장 수녀 : 저희 수도회는 1년에 한 번씩 9박 10일간 침묵 피정을
　　　　하면서 이냐시오식 영신수련을 하고 있습니다. 한 해

를 숨 가쁘게 정신없이 달리다가 내가 누구인지, 여기가 어디인지 헷갈릴 즈음이 되면, 고요 중에 주님 안에 머무는 '연 피정'의 시간이 다가왔다는 뜻입니다. 특별히 피정 중에 우리는 각자에게 말씀하시는 하느님의 소리를 듣게 됩니다.

안 신부 : 예수수도회는 이냐시오 영성을 따라 산다고 들었는데, 조금 더 구체적으로 말씀해 주시겠어요?

장 수녀 : 메리 워드는 하느님의 비추심에 따른 꿈의 실현을 위하여 예수회의 생활양식이 그대로 반영된 수도회 계획서를 작성해서 교회의 승인을 받고자 하였습니다. 그러나 수도회의 인준과 회헌의 승인을 받기까지는 아주 오랜 기간 기다려야 했습니다.

모든 수도회는 창립자 정신으로 돌아가라는 제2차 바티칸 공의회 교령 이후 비로소 수도회의 회헌 인준이 단계적으로 이루어졌습니다. 메리 워드가 하느님께 봉사함에 있어서 남녀 성의 차별이 없다고 본 이 통찰은 세상의 평화, 정의, 연민, 지구 돌보기 등을 위해 일하시는 하느님의 열망과 사랑에 바탕을 둔 통합적 영성이라고 말할 수 있을 것 같아요. 제2차 바티칸 공의회의 정신을 보면 이와 같은 메리 워드의 통찰과 정신이 그대로 반영되어 있어 놀라게 됩니다.

이냐시오 영성의 핵심

안 신부 : 예수수도회는 이냐시오 영성으로 살아가는 것이지요?
이냐시오 영성의 핵심은 하느님 뜻을 식별하고 세상
문제에 개입하는 활동 아닌가요?

장 수녀 : 이냐시오 영성은 삶과 일, 사랑에 대한 관점을 자신에
서 하느님께로 옮겨 놓는 데서부터 시작한다고 말합
니다. 이 세상에서 적극적으로 활동하시는 사랑의 하
느님을 인식하며 하느님의 사랑을 기도를 통해 마음
으로 이해하고 하느님께 모든 것을 되돌려 드리려는
응답으로 사랑을 실천하는 것을 이냐시오 영성이라고
하지요.

이런 의미에서 이냐시오 영성은 하느님 중심의 삶을
살기 위한 행동 양식이라고 말할 수 있습니다. 하느님
께 합당한 행동 양식을 갖추기 위해서는 우선 하느님
의 뜻을 '식별'하는 것이 중요합니다.

가난하신 예수님의 겸손을 배우고, 성체성사 안에
드러난 구원의 신비를 관상하며, 세상의 모든 선을 도
구로 해악을 정복하는 그리스도의 사명에 동참하겠다
는 삶의 가치관을 명확하게 세워야 비로소 하느님의
뜻을 식별할 수 있게 됩니다. 이를 이냐시오식 '식별'이

라 하고 이러한 일련의 영신수련을 통해 '활동 중에 관상'하는 사람으로 성장해 나가는 것이지요.

제2차 바티칸 공의회 사목헌장

안 신부 : 제2차 바티칸 공의회 사목헌장에 이런 말씀이 나오지요. 현대 교회가 가야 할 방향을 제시하고 있습니다. "기쁨과 슬픔, 슬픔과 고뇌, 오늘날 특히 가난한 사람들과 고통당하는 모든 이들의 그것은 바로 그리스도 제자들의 기쁨과 희망, 슬픔과 고뇌입니다.… 따라서 이 공동체는 전 인류와 그 역사에 참으로 깊이 결합되어 있음을 체험하고 있습니다."^{사목헌장 1항}

장 수녀 : 메리 워드는 1609년 말에 시작한 공동체 생활과 사도직 활동을 하는 새로운 수도회의 인준을 직접 청하기 위해 1621년 교황을 찾아갑니다. 그러나 허가는커녕 추기경들의 방해로 수도회 폐쇄 교령이 내려지고, 1631년 메리는 체포되어 뮌헨의 청빈 글라라회 앙어 수도원에 감금되었어요. 공식 박해가 시작되고 동료들은 더 이상 같이 살 수 없으며, 수도복을 입어서도 안 되고 영적 대화를 나누거나 수도회라고 주장해서도 안 되는 금지

령이었습니다.

1630년대는 유럽에서 잔혹하기로 유명한 30년 전쟁이 맹위를 떨치던 시대였어요. 앙어 수도원에 갇힌 상황에서 죽을 고비를 넘긴 뒤 메리는 로마 법정에서 종교재판을 받으라는 출석 통지서를 받았지만, 건강 상태가 좋지 않아 1632년 3월이 되어서야 간신히 로마에 도착했습니다. 한겨울에 걸어서 알프스산맥을 넘어야 했으니까요. 수도자의 신분도 주장할 수 없고 재정 상태도 어려운 가운데 메리는 새로운 수도생활에 대한 하느님의 소명에 충실하고자 하나, 극심한 반대에 부딪쳐 혼란스러울 정도로 모순된 상황에 놓였습니다.

역사의 한 단면 교황청의 반대와 수녀원 해체

안 신부 : 가경자 메리 워드와 테레사 성인을 통해 많은 공부를 했습니다. 사실상 최초의 활동수도회를 창립했던 메리 워드가 잘 알려지지 않은 이유가 무엇일까. 이제 이해가 됩니다. 메리 워드는 여성이 신앙에서조차 남성의 통제를 받아야 했던 16세기 영국에서 태어났지요. 헨리 8세가 영국 국교회를 세우며 가톨릭을 박해할 때였

습니다. 세상을 등지고 은둔생활을 하는 '봉쇄 수도원'
이 유일하게 당시 여성에게 허락된 신앙생활이었지만,
메리 워드는 외부에서 봉사하는 '활동 수도회'를 창립
하고 유럽 여러 곳에 소녀들을 위한 학교를 세웠습니
다. 그리고 교육을 통하여 여성의 인권을 되찾고 능력
을 계발하는 데 크게 기여하신 분이셨더군요.

장 수녀 : 그런데 교황청에서 그렇게 혹독하게 반대하고 금지시
킬 줄은 몰랐습니다. 학교를 폐쇄하고 수도회를 해체
했어요. 급기야 메리 워드를 이단 혐의로 체포해 종교
재판 심판대에 올렸지요. 사제들조차 "여성은 하느님
을 이해할 수 없으므로 만 명이 있어도 한갓 여성에 불
과하다."며 그를 모욕했습니다. 뿐만 아니라 수도회 내
의 메리 워드 관련 자료는 모두 파기해야 했습니다. 메
리 워드가 수도회를 창립한 지 4세기가 지나서야 비로
소 교황 베네딕토 16세는 2009년 메리 워드를 '가경자'
로 선포했습니다. 그 어떤 창립자도 수도회 창립 역사
에서 이런 경우는 없지 싶습니다. 매우 늦었지만 저희
로선 얼마나 큰 기쁨인지요.

안 신부 : 앞에서 '땀의 순교자' 최양업 신부 말씀을 드렸는데 메
리 워드는 '더 심한 땀의 순교자'라고 해도 지나치지 않
겠어요.

장 수녀 : 하지만 메리는 모든 것을 박탈당한 상황 속에서 오히
려 찬미의 고백을 남겼어요. "주님께서 하신 일이 얼마
나 질서 정연한지요! 저의 주님이신 하느님이시여."라
고요. 이는 메리가 자신이 할 수 있는 것은 최선을 다
하고 자신의 힘으로 할 수 없는 일은 전적으로 하느님
께 의탁하는 깊은 평화와 믿음을 우리에게 전해 줍니
다. 메리는 자신에 대한 포악한 공격에도 하느님에 대
한 사랑과 교회에 대한 소속감, 성체성사에 대한 신심
을 조금도 잃지 않았습니다.

예수수도회의 한국 진출과 대전성모학교 설립

안 신부 : 예수수도회의 한국진출과 성모학교의 설립은 메리 워
드의 정신을 구현하는 현장이지요?
장 수녀 : 예수수도회는 영국인 메리 워드가 하느님의 영광을 드
러내는 활동 사명을 받고 여성 교육 사업을 시작하면
서 설립되었는데요. 1950년대부터 한국에서의 메리 워
드 학교 교육이 필요하다는 요청을 받은 독일 뮌헨의
님펜부르크 관구에서 오랜 준비 끝에 1964년 6월 10일
한국에 진출한 예수수도회는 '동정성모회'라는 이름으

로 활동해 왔습니다. 메리 워드가 그토록 원하였던 수도회 명칭인 '예수수도회Congregation of Jesus'가 마침내 2003년 6월 교황청 인준을 받게 되어 2004년부터 수도회 명칭을 개칭하게 되었습니다.

안 신부 : 현재 회원 수는 얼마나 되나요?

장 수녀 : 현재 한국관구 회원은 234명이고 전 세계 1,500명이 23개국에서 교회와 세상을 위해 봉사하고 있지요. 로레토 수녀회를 포함하면 2,200명의 수녀들이 45개국에서 활동하고 있습니다. 1973년 관구로 승격된 한국 관구는 전체 수도회 안에서 두 번째로 큰 관구가 됐고, 많은 회원이 광범위한 사도직 활동을 통해 결실을 맺어 왔습니다. 이는 하느님께 대한 신뢰와 메리 워드의 설립 정신에서 비롯된 것이지요.

안 신부 : 뮌헨 님펜부르크 관구의 선교 의지와 지원이 한국 관구의 성장과 발전에 큰 힘이 되었군요. 성모학교는 한국 여성교육에 새 이정표가 되었지요?

장 수녀 : 한국 진출의 동기가 바로 여성 교육이었으므로 진출한 다음 해에 바로 성모초교와 성모여중을 설립하고 운영하면서 어린이와 청소년 교육에 헌신하였지요. 현재는 대전성모초등학교와 성모여고를 비롯하여 유치원·청소년시설·의료기관·본당 선교·해외 선교와 독거노

인·노숙자·탈북자 및 가난한 이들을 위한 사회 복지 활동 등을 통하여 창립 카리스마를 구현하고 있습니다.

대전성모초교
감사할 줄 알며 거짓 없고 자기를 스스로 다스릴 줄 아는 어린이

안 신부 : 성모초교와 성모여고 교훈이 상당히 특이해요. 예수수도회에서 미사를 집전하면서 초등학교 예술제에 초대받았을 때였어요. 귀여운 저학년 어린이가 시작기도를 하는데, 기도의 마침 문장이 대단히 새로워 좀 놀라운 느낌이었던 기억이 나요.

장 수녀 : 네. 초등학교에서는 매일 아침 하루를 열며 학생들이 직접 준비한 기도를 바칠 때, 또 모든 학교 행사의 시작·마침기도 끝에는 전교생이 항상 힘찬 목소리로 교훈을 합송하지요. "감사할 줄 알며 거짓 없고 자기를 스스로 다스릴 줄 아는 어린이!"라고요.

안 신부 : 개교 50주년 기념 문집에 실린 글에서 재학생 전원과 졸업생, 과거와 현재의 학부모들까지도 그 교훈을 대단히 사랑한다는 것을 알게 되었어요. 나이든 옛 학부모부터 10살도 안된 나이 어린 저학년 학생까지, 많은

이들이 성모의 교훈을 삶의 지표로 삼고 있다는 것을 알게 되고 더 놀랐지요. 교육의 힘이 크고 중요하다는 것을 새삼 확인했다고나 할까요.

장 수녀 : 많은 좋은 일들이 그렇듯이 저희 교육 현장에서도 하느님께서 이루셨음을 느끼곤 감사하게 됩니다. 예를 들면, 졸업생이나 그들의 부모님들이 평범한 일상을 살면서 성모의 교훈을 떠올리며 자세를 바로잡는다는 이야기를 들을 때가 그런 경우입니다. 힘들고 피하고 싶은 상황에서 '자기를 스스로 다스리는 사람'이라는 생각을 하면서 용기를 낸다는 말씀도 해요. 그리스도인의 보편적 가치관을 위한 메리 워드의 '책임감 있는 인간' 교육이 시대와 장소의 경계를 넘어 지속되고 있습니다.

대전성모여고
정의와 진리와 사랑을 위해 몸 바칠 여성, 무감독 시험 전통

안 신부 : '하느님의 더 큰 영광을 위하여!'라는 예수수도회의 목표가 일상에서 실현되고 있군요. 여러 본당에서 성모 출신들이 본당 활동에 주축이 되거나 크게 기여한 기

억이 납니다. 아울러 성모여고의 교훈이 '정의와 진리
와 사랑을 위해 몸 바칠 여성'인데 이것도 메리 워드의
정신에서 비롯되었지요?

장 수녀 : 네, 400년이 넘게 이어온 메리 워드의 사명이 이 교훈
을 통하여 학생들 안에서 이어지고 있습니다. 종교분
열의 시대에 가톨릭 신앙의 옹호가 우선적 목표가 되
었던 창립자 메리 워드의 학교설립 정신을 바탕으로
저희 성모교육은 언제 어디서나 하느님의 사랑 안에서
하느님의 뜻에 따른 올바른 신념과 인성 그리고 지역
사회와 더불어 사는 넉넉함을 우선으로 합니다.

졸업생들이 '정의와 진리와 사랑을 위해 몸 바칠 여
성'이라는 교훈을 일생 기억하면서 재학생 시절에 배우
고 익힌 삶의 소중함과 자신의 재능을 찾은 기쁨을 기
억하면서, 어렵지만 옳은 일을 선택해야 할 때, 선을 행
하는 데 필요한 용기를 일깨운다고 하는 말을 합니다.

졸업생들이 일상생활 중에 진정으로 교훈을 실천하
는 사회인으로 성장해 나아가는 모습에서 메리 워드
학교의 목표를 읽을 수 있지요. 교육현장에서는 인간
존중과 창조보전의 정신으로 인성함양에 따른 학생들
의 학업능력 향상을 추구하며 모두 묵묵히 헌신하고
있습니다.

안 신부 : 한동안 '입시 중심 학력신장이냐, 인성함양 교육이냐.' 라는 택일의 논란이 팽배했었지요. 입시는 국가 교육 정책의 아주 큰 과제였지요. 그럼에도 개교 이래 인간 존중과 인성교육을 실천해 온 정신이 놀랍습니다.

장 수녀 : 사실, 우리나라 시대 상황의 변천과 사회적 요청에 따라 교육 제도에 많은 변화가 있었지만, 성모교육 50여 년을 돌아보니 메리 워드의 교육 정신과 성모만의 고유한 문화는 변함없는 지속성이 있다는 것을 새삼 느끼게 됩니다.

안 신부 : '무감독 시험' 전통은 지금도 계속되고 있지요?

장 수녀 : 말씀대로 '무감독 시험'은 학교 내신 성적이 입시에 반영되면서 참 많은 논란이 있었지만 모든 대내외적 어려움에도 '보이지 않는 것이 보이는 것을 움직인다.'라는 정신으로 개교 이래로 꾸준히 지켜오고 있는데 대전성모여고의 대표적 인성함양 교육의 원동력이 되고 있습니다. 학생들 스스로가 매순간 양심에 따라 자신의 행동을 선택하고 선택한 것을 실행하는 과정을 반복함으로써 자기 자신을 다스릴 줄 아는 능력을 키우고 자아존중감이 높은 성숙한 인격체로 성장하게 됩니다. 그런데 이 무감독 시험을 정해진 교육방침으로 학교에서 부과한 것이 아니고, 첫 해 입학한 학생들이 회

의를 통하여 스스로 결정했다는 데에 큰 힘이 있는 것
같습니다.

안 신부 : 초교, 여고, 둘 다 메리 워드 정신에 따라 시대에 맞게
　　　　적응하며 결국 보편적 가톨릭교회의 가르침대로 실천
　　　　하는 실력자가 나오겠군요.

영적 식별의 중요성

안 신부 : 400여 년 전 청소년과 여성 교육의 선구자가 된 메리
　　　　워드의 영적 체험과 오직 하느님의 뜻에 충실하고자
　　　　했던 결심은 '동정성모회'^{예수수도회}를 통해 이어지고, 마
　　　　더 테레사는 16년 이상 메리 워드의 은사 안에서 수도
　　　　생활을 하면서 하느님의 새로운 소명을 받는 영적 체
　　　　험으로 더욱 활동적인 모습으로 가난한 이들을 돌보았
　　　　습니다. 즉 '사랑의 선교회'라는 수도회를 설립하여 테
　　　　레사 수녀는 고아와 병자가 있는 곳은 어디든 시설을
　　　　만들어 수녀들을 모으고 돌봤습니다.
　　　　　마침 제2차 바티칸 공의회는¹⁹⁶²⁻¹⁹⁶⁵ 금세기 가톨릭교
　　　　회의 전환점이 되었지요. 사목헌장^{기쁨과 희망}은 전 세계
　　　　의 모든 사람에게 개방하라고 말합니다. 인간 인격의

존엄성을 조명하고 우리 시대의 주요 문제들에 대한 해결책을 발견하는 데 공동 협력하려는 교회의 진지한 노력을 설명합니다. 고정관념을 깨고 선입견을 버려야 합니다.

프란치스코 교황도 강론이나 메시지를 통해 '영적 식별'의 중요성을 자주 강조합니다. 주님의 위로와 거짓 예언자들의 값싼 힐링을 구별하라는 당부이지요. 교황이 식별의 중요성을 매번 강조하는 이유는 어디에 있을까요.

장 수녀 : 영적 식별 혹은 영신 식별은 예수회 설립자 성 이냐시오 로욜라 영성의 핵심 주제입니다. 식별은 악의 영향을 떨쳐 버리고 예수 그리스도의 빛으로 올바른 행동 양식을 찾고 실천에 옮기는 것입니다. 성 이냐시오는 「영신 수련」에서 선신善神은 성령과 천사를 의미하고 악신惡神은 세속적이고 육적이며 악마적인 것에서 오는 생각이나 충동으로 보았습니다. 영신 식별의 요점은 어떤 생각이나 충동, 내적 이끌림이 선신에게서 오는 것인지, 아니면 악신에게서 오는 것인지 판단하는 것입니다. 즉 하느님의 뜻을 찾는 노력입니다.

시대의 징표 해석

안 신부 : 시대의 징표 해석은 특히 사목자들에게 요구되는 의무
입니다. 다양한 시대의 언어를 주의 깊게 듣고 하느님
의 말씀에 비춰 분별하고 판단하는 것을 말합니다. 프
란치스코 교황은 식별할 때 세속의 기준에 따르지 말
라고 강력히 권고했습니다. 이어 '오늘날 교회가 가장
필요로 하는 것 가운데 하나가 식별'이라며 식별 능력
을 키우라고 거듭 당부했습니다.

장 수녀 : 복음화 작업은 성직자·수도자·신자 모두의 사명입니
다. 그것은 하느님의 부르심으로 시작됩니다. 우리는
은총을 받은 것을 전할 따름입니다.^{1코린 15.3} 바오로가 사
명을 시작할 때, 그는 부활하신 주님에 대한 직접 체험
을 했습니다.^{1코린 15.8} 우리의 사명은 하느님의 선물이 우
리 안에서 결실을 맺도록 하는 것이며, 이러한 노력도
또한 은총의 힘으로 성취되지요.^{1코린 15.10} 부르심 앞에서
이사야도 자신의 보잘것없음을 고백합니다. 주님은 그
에게 용기를 주고 마침내 이사야도 깨닫고 순종합니
다. "제가 여기 있습니다. 저를 보내십시오!"^{이사 6.8}

안 신부 : 메리 워드의 영적 여정이나 이냐시오의 '영신수련' 그
리고 마더 테레사의 소명, 제2차 바티칸 공의회, 프란

치스코 교황의 정신과 행보는 저의 사제생활 영성을 풍요롭게 해 주었습니다. 한마디로 '사제의 영과 함께' 살아가도록 힘과 기쁨을 주었습니다.

장 수녀 : 저희도 신부님께 정말 많이 배웠어요. 수녀님들이 스스로 "우리가 많이 달라졌지요?"라고 한답니다. 신부님 오신 후에 두드러진 변화는 우리의 새벽 미사가 힘 있고 활기차게 된 것, 사랑하는 마음의 표현, 이웃에게 관대한 태도, 규칙적인 운동과 건강한 생활습관 등입니다. 그러나 무엇보다도 새롭고도 명쾌한 강론 말씀에 감명을 받고, 신부님을 자신의 롤 모델로 따라야겠다는 이들이 많다는 것이지요. 신부님처럼 우리의 정체성을 살아야겠다는 결심도 하고요. 신부님께 감사드릴 일이 정말 무한대입니다.

안 신부 : 바쁘신 중에도 대화에 훌륭한 응답을 해 주신 장혜선 수녀님 감사드립니다. 그리고 메리 워드의 가르침에 따라 생활하시는 예수수도회 수녀님 모두에게 축복이 내리길 기도합니다.

마치며

대화의 끝은 어디인가?

이 책은 대화로 시작하여 대화로 끝납니다. 그러나 대화의 삶은 남아 있어요. 흔히 대화를 통해 인사 말, 감정, 문제의식을 주고받습니다.

사회는 상호작용을 하고 있는 개인들의 모임이고, 교회는 신자 하나하나가 모여 이루어진 단체입니다. 교회는 바로 하느님의 백성이고 모든 사람이 하느님의 새로운 백성을 이루도록 부르심을 받았습니다. 대화를 통해 각각 상이한 존재인 개인들이 같은 감정과 신념을 가질 수 있고 공동활동을 원활히 할 수 있습니다. 그래서 제2차 바티칸 공의회 문헌에서도 대화의 필요성과 중요성을 강조하고 있지요. 가령 모든 사람들 사이의 대화사목 92, 갈라진 교회들과의 대화일치 4, 다른 민족과의 대화선교 11, 젊은이들의 대화선교 1, 대화를 위한 평신도들의 양성평신도 31 등을 제시했습니다.

필자도 어느 수녀님과의 대화를 통해 한 발 사제성소의 길로 가는 계기가 되었고, 슈베르트의 '아베마리아'나 '그리운 금강산'

을 홀로 클라리넷 연주를 할 수 있는 '능력 있는 나'를 발견했지요. 즉 대화를 통해 새로운 나를 찾아냈습니다. 신앙인으로서 가장 중요한 대화는 무엇이겠습니까? 하느님과의 대화입니다. 그래서 미사 때의 대화, 시노드나 공의회 문헌, 모범을 보여준 성직자, 수도자를 찾아 대화를 나누어 보았습니다.

우리의 최후 목적과 행복도 하느님과의 대화요 만남입니다. 결점 있는 인간임을 자각하여 현세에서는 보다 성숙한 인간으로서 성령과 더불어 사목활동을 하고 은총 속에 살기 바라지요. 그리고 내세에서는 완전한 사랑의 일치 속에 하느님과의 대화를 계속하려는 것입니다.

이제와 영원히 아멘